보육실습

2판

| 나귀옥 · 김경희 · 곽정인 공저 |

Practicum in Childcare & Education

학지사

2판 머리말

보육교사가 되기 위하여 대학 등의 기관에서 필요한 교과목을 이수하고, 자격증을 취득하는 마지막 단계에서 보육실습을 한다. 보육실습은 학교에서 배운 이론을 현장에 적용해 보고, 영유아의 보육 및 교육, 실무경험 등 교사로서의 전반적인 역할을 수행하는 과정이다.

최근 들어 보육교사의 인성과 자질이 무엇보다도 중요하다는 목소리가 높아졌다. 따라서 보육교사의 인성과 자질을 향상시켜 전문성을 높이고, 보육서비스의 질적 수준 향상을 위해 보육교사의 자격기준이 강화되었다. 강화된 자격기준에는 이수 교과목의 확장, 대면교육의 의무화, 보육실습의 강화 등이 있다.

현재 보육교사가 되기 위해 필요한 교과목을 온라인 강의로 이수하여 보육교사 자격을 취득할 수가 있다. 그러나 보육교사가 된다는 것은 지식을 습득하는 것만으로는 충분치 않다. 보육교사로서 가져야 할 영유아에 대한 관점, 보육 및 교육에 대한 자신의 철학, 교사로서의 사명감과 태도 또한 중요하다. 그러나 온라인 강의만으로는 이러한 소양을 기르기 어렵고, 교사로서의 자질을 갖추었는지의 여부 또

한 판단하기 힘들다. 이처럼 온라인 강의의 문제점이 대두되면서 이제는 최소한의 대면교과목을 이수하도록 규정하고 있다.

또한 많은 보육전문가는 4주 160시간의 보육실습으로는 보육 및 교육 실제를 마스터하기 어렵고, 이러한 과정을 거쳐 자격증을 취득하여 곧바로 보육교사로 임명받아 업무를 수행하는 것의 문제점을 지적해 왔다. 또한 보육기관에 취원하고 있는 영유아는 0세부터 취학전 연령까지 연령의 범위가 넓어, 단기간의 실습으로는 영유아의 다양한 연령별 특성을 파악하여 보육 및 교육하는 실제적 능력을 습득하기 어렵다. 나아가 사회적 요구인 양질의 보육서비스를 제공하기 위하여, 보육교사의 전문성을 향상시키는 방안으로 보육실습을 6주 240시간으로 확장하게 되었다. 이러한 관련규정의 변화에 따라 보육실습 초판을 개정해야 했다. 특히 6주 240시간으로 보육실습을 하게 될 경우 어떠한 방식으로 실습을 하는 것이 효율적인지에 대한 고민을 담아 2판을 내게 되었다.

한편 영유아를 위한 보육과 교육을 통합하려는 노력의 일환으로 유아교육기관

과 보육기관에 취원하는 영유아의 공통된 연령인 3~5세 유아를 위한 누리과정이 제정되어 시행되었다. 이로 인해 영아는 이전의 표준보육과정에 따라 보육하고, 유아는 누리과정에 근거하여 교육 및 보육을 실시하게 되었다. 이러한 변화로 인하여 생활주제, 교육과정 영역, 교육내용 기준 등이 바뀌었고, 따라서 이전의 책에서 제시하였던 여러 가지 교육계획안 및 예시 등을 개정하였다.

2016년 8월

저자 일동

1판 머리말

보육실습은 보육교사가 되기 위한 준비의 마지막 단계다. 보육실습은 보육실습 교과목을 수강신청하고 실습에 대한 안내를 충분히 받은 후 어린이집 현장에서 직접 4주 동안 160시간 이상 현직 교사들의 지도하에 영유아들을 돌보며 놀이와 수업을 하는 것으로 이루어진다. 따라서 이 책은 어린이집 보육실습과정에 임하는 예비 보육교사가 보육실습을 위한 준비를 어떻게 해야 할 것인지에 대해 논의하고, 보육실습에 대한 안내와 어린이집 현장실습에 앞선 사전 지도를 목적으로 한다. 이 책을 통하여 학생들이 보육실습의 의의와 목적을 분명히 인식하고, 철저한 사전 준비를 하여 보육실습을 잘 수행할 수 있기를 바란다.

예비 보육교사들은 사립 어린이집, 국공립 어린이집 및 직장 어린이집 등 다양한 기관에서 실습을 하게 될 것이다. 이에 저자들은 단 하나의 좋은 모델을 보여 주기보다는 현실 속 다양한 보육의 실제 모습과 함께 모범적으로 잘하고 있거나 이상적인 실제라고 판단되는 보육 사례를 선별하여 보육계획, 실행, 실내 환경 및 실외 시설, 관련 문헌 등을 보여 주면서 질 높은 보육실제를 논의하려고 한다. 특히 이 책에서는 실제의 모습을 생생히 보여 주기 위하여 보육현장에서 실시되고 있는

실제 놀이와 보육활동을 많이 담았고, 현장에서 사용하는 다양한 문헌을 보여 주어 예비 보육교사들의 현실감을 높이고자 하였다.

우리 학생들이 다양한 현장에서 실습을 함으로써 보육교사 모델을 통해 적극적으로 잘 배우고, 영유아들을 보호하고 교육하는 경험을 쌓으면서 보육교사로서의 기본적 태도와 전문성을 갖추어 온전한 직업인으로 사회에 나가기를 바란다.

2006년 8월

저자 일동

차 례

Chapter 01

보육실습의 이해

1. 보육실습의 개념 및 유형
2. 보육실습의 목적 및 의의
3. 보육실습 관련 규정

1. 보육실습의 개념 및 유형

보육실습은 예비 보육교사들이 실제 보육현장에서 교사로서의 역할을 경험해 봄으로써 보육교사가 갖추어야 할 지식, 기술, 태도 등을 형성·발달시켜 나가는 과정이다. 즉, 보육실습은 국가에서 발급하는 '보육교사 자격증' 취득을 위해서 필수적일 뿐만 아니라 학교에서 배운 영유아에 대한 지식과 기술을 활용하여 보육실제를 익히는 과정으로 보육교사로서의 자질 함양에 필수적이고, 교사가 되기 위한 마지막 단계다. 즉, 보육실습은 교사가 아닌 학생의 신분으로서 보육교사의 역할을 연습하는 과정이다. 그러나 보육의 개념이 사회현상의 변화와 관련 학문의 발달에 따라 그 의미와 의의가 달라지면서 보육실습의 개념도 달라지고 있다. 따라서 먼저 보육의 개념을 살펴보고자 한다.

1) 보육의 개념

보육의 개념은 시대의 변화에 따라 상당히 변화되어 왔다. 전통적으로 보육은 취업이나 건강상의 이유로 부모가 직접 양육할 수 없는 아이들을 기관에서 맡아서 보호하는 탁아의 기능을 가지고 있었다. 즉, 『사회복지사전』(대구대학교 사회복지연구소, 1991)에는 보육을 "낮 동안 다른 사람의 보호를 받아야 할 아동들에게 주어지는 보호로서 그 대상은 주로 영세시민이나 보호능력이 없는 시민의 자녀"로 정의하고 있다. 1961년 제정된 「아동복리법」은 탁아시설을 보호자가 근로 또는 질병 기타 사정으로 인하여 아동을 보육하기 어려운 경우에 보호자의 위탁을 받아 아동을 보육하는 곳으로 규정하고 있다. 이는 부모가 여러 가지 사유로 인해 자녀를 돌볼 수 없을 때 하루 중 일정한 시간 동안 부모를 대신하여 보호하는 것으로 보육의 최소 기능이 활용되는 보호적 보육이라 할 수 있다. 하지만 「아동복리법」은 보육의 책임 규정에서 첫째, 모든 국민은 아동을 보호·양육하고 사회생활에 적응되도록 육성할 책임을 지며, 둘째, 국가와 지방자치단체는 보호자와 더불어 아동을 건전하게 육성할 책임이 있음을 밝혀 보육의 일차적 책임은 개인이 지지만 국가와 사회적 책임도 부분적으로 삽입하고 있다(김남식, 2009).

그러나 종전의 보육 개념이 사회적·경제적 지위가 낮은 가정을 대상으로 하여 가정을 대신하는 보완적인 역할을 하던 개념으로부터 모든 아동을 대상으로 하며, 근로시간 동안 부모를 대신하여 단순히 보호하는 탁아의 개념이 아니라 보호와 함께 교육을 제공하는 보편적이고 통합적인 서비스로 변화하여 왔다. 즉, "아동들은 보호와 교육을 받을 권리를 지닌 주체로서 보호자가 누구인가에 상관없이 자신의 개성을 발달시키고 장차 자아실현을 할 수 있는 기반을 닦을 수 있도록 평등하게 보호 받고 교육 받을 기회를 누려야 한다."라고 「아동권리협약」에서 명시하고 있다(UN, 1989).

양옥승 등(1999)은 "보육의 개념은 사회발전과 생활수준의 향상과 더불어 변화하였는데, 빈민을 구제하거나 여성의 노동력을 확보하기 위한 보호의 차원에서 차츰 모든 계층의 영유아를 대상으로 하여 가족의 교육 기능을 지원하고 어린이의 생활의 질을 높이려는 방향으로 변화해 가고 있다."라고 했다. 또한 Decker와 Decker(1984)는 보육이란 "영아에서 초등학교 연령까지의 아동을 대상으로 부모가 직장에 나가서 일하는 동안 하루 중 일부 혹은 하루 종일 그들의 자녀를 보호 · 교육하는 것"이라고 정의하고 있다. 『유아교육사전』(한국유아교육학회, 1996)에서는 "어린 생명을 보호 · 육성하는 의미와 유아를 보호 · 교육하는 것의 두 가지 의미를 갖고 있다."라고 정의하고 있다. 즉, 보육이 단순한 보호가 아니라 교육적 서비스를 함께 제공해야 함을 의미한다.

현재 우리나라 「영유아보육법」(보건복지부, 1991) 제2조 2항에서는 보육을 "영유아를 건강하고 안전하게 보호 · 양육하고 영유아의 발달특성에 맞는 교육을 제공하는" 사회복지서비스로 규정하였다. 따라서 오늘날 보육은 「영유아보육법」이 제정된 이후부터 양육상 결함이 있는 가정의 아동을 포함한, 기타 일반 가정의 아동들이 교사 및 친구들과 안전하고 교육적인 환경 안에서 의미 있는 상호작용을 통하여 전인적 발달을 도모하기 위해 보호와 교육을 통합한 edu-care의 개념으로 통용되고 있다(김광웅, 박인전, 방은령, 1996; 유가효 외, 1997). 즉, 보육은 아동을 안전하고 건강하게 보호하며, 아동의 발달에 적합한 교육적 경험을 제공하여 영유아기부터 질 높은 보육 및 교육 경험을 하게 함으로써 균형적이고 전인적이며 유능한 인재의 기초를 다지는 것이다.

최근에는 어린이의 최적의 성장과 발달을 도모한다는 의미에서 부모가 취업한 경우가 아니더라도 자신의 아이가 어린이집에서 질 높은 보육과 교육을 받기를 원하는 부모들이 늘어 가고 있다. 이는 국가, 사회뿐만 아니라 개별 가정에서도 영유아에 대한 보육 및 교육의 질적 요구가 높아지고 있다는 사실을 의미한다. 단순한 보호가 아니라 교육의 의미를 통합하여 내포하게 된 보육의 개념 변화는 영유아에 대한 많은 연구 성과에 의거하여 보호가 중심이 된 양육만으로는 영유아에게 최적의 발달을 보장하기 어렵다는 관점에서 비롯되었다.

보육에 대한 한 가지 또 다른 관점은 포괄적 보육의 개념이다. 포괄적 보육의 개념에서 보육은 아동을 안전하고 건강하게 보호하고, 아동의 발달에 적합한 교육적 경험을 제공하는 것 이외에 불리한 환경에 처한 아동 및 가족에게 건강 관련 서비스와 상담 등 사회복지적 서비스를 제공하는 것을 말한다. 이러한 포괄적 보육은 아동의 건강한 발달과 가족 및 지역사회의 주민복지에 기여할 뿐만 아니라 국가적으로는 미래 인적자원을 확보하는 데 기여한다. 이는 보육의 주체가 되는 어린이의 전인적 성장 · 발달을 위해서는 의료, 보건, 보육 및 교육을 함께 강조하여 종합적인 서비스를 해야 한다는 인식이 확산된 결과다.

2) 보육실습의 유형

보육실습은 보육교사가 되고자 하는 전공학생(유아교육, 영유아보육, 아동복지, 아동학, 사회복지 등)이 선수교과를 이수한 뒤 대학의 지도교수와 해당기관 지도교사의 지도를 받으며 어린이집에서 직접 보육교사로서의 경험을 미리 해 보는 실무훈련과정(이집로 외, 2005)을 말한다. 어린이집에서의 이러한 실무훈련은 단 한 번의 실습으로 부족하다. 보육실습은 사전 실습(pre student-teaching), 정규 실습(regular student-teaching), 추후 실습(post student-teaching)의 세 가지 형태로 이루어지는 것이 바람직하다.

(1) 사전 실습

사전 실습이란 정규 실습 이전에 1회 또는 여러 차례에 걸쳐 단기간이나 일시적으로 현장경험을 하게 하는 실습과정을 의미한다. 이 과정을 통해 예비교사들은 보육기관의 여러 측면을 관찰하거나 직접 어린이들과 접촉함으로써 보육현장을 대략적으로 경험할 수 있게 된다. 사전 실습은 먼저 교사의 역할, 교수방법의 활용, 아동발달의 특징 등에 대하여 관찰을 하고, 주교사의 교수활동 보조나 환경구성의 보조 역할을 하기도 하고, 실습생 자신이 직접 자유선택활동 시간의 놀이지도나 자신이 직접 계획한 소집단 활동을 진행할 수도 있다.

(2) 정규 실습

정규 실습은 교사자격 획득을 위한 필수 과정으로서, 정해진 기간 동안 실습담당교수와 어린이집의 지도교사의 지도 아래 어린이집에서 교사로서의 직무 수행을 전체적으로 경험해 보는 과정을 말한다. 정규 보육실습은 '제2장 보육실습의 과정'에서 자세히 다룬다.

(3) 추후 실습

추후 실습은 정규 실습 이후에 갖게 되는 현장경험이다. 정기적으로 현장에 나가 보조교사의 역할을 수행하거나 부분적으로 수업을 진행해 보면서 정규 실습과정을 심화하거나 내용을 추가하는 보완적인 성격을 갖는다. 추후 실습을 꾸준히 할 경우 1년의 보육과정 진행을 이해할 수 있게 된다.

대부분 추후 실습은 실습생과 어린이집의 의사에 따라 자율적으로 이루어지고 있다. 주로 어린이집 행사를 보조하거나, 수업에 보조교사로 참여하고, 환경구성 및 교구의 제작과 정리에 참여하면서 어린이집 현장에 대한 이해를 심화시킬 수 있다. 이러한 추후 실습을 통해 취업으로 연결되는 경우가 있다.

추후 실습의 의의는 정규 실습기간을 통해 느낀 자신의 장단점을 보완하는 기회를 가질 수 있다는 점이다. 또한 정규 실습 때와 다른 유형의 기관에서 실습을 하거나, 동일한 기관일 경우 대상 연령 집단을 달리하면 다양한 연령의 영유아 발달 수준과 다양한 교사의 교수방법을 경험할 수 있다는 이점이 있다(임승렬, 김선희, 2006). 그러나 이는 교사양성 교육과정의 정규 과목으로 개설하여 실시되기보다는 수업이 없는 날이나 대학의 방학을 활용하여 실시되고 있다.

2. 보육실습의 목적 및 의의

1) 보육실습의 목적

보육실습은 어린이집을 실제적으로 직접 경험하여 보육활동의 이론과 실제를 연결하는 과정이다(서영숙, 천혜경, 윤매자, 2006). 영유아를 대상으로 직접적인 상호작용 경험을 하는 실천적 성격이 강하기 때문에 현장 실무교육으로서 그 중요성이 크다.

강의실에서 배운 책 속의 이론, 지식과 현장에서의 실천은 다르게 나타나기도 한다. 따라서 보육실습의 첫 번째 목적은 어린이집에서의 풍부한 보육 경험을 갖는 것이다. 어린이집에서의 실제적 경험이 예비 보육교사가 영유아에 대한 생생한 이해를 바탕으로 하는 실천적 보육능력을 습득할 수 있는 유일한 길이다. 최근에는 보육실습이 대학 혹은 보육교사 양성과정에서 예비교사들이 배운 것을 적용하고 정리하는 단계가 아니라 보육교사로서 필요한 실제 지식과 기술을 획득하는 것이라는 인식이 확대되어 가고 있다(Bae, 1990). 특히 보육은 자신의 의사를 언어적으로 충분히 표현할 수 없는 영유아를 대상으로 하기 때문에 예비 보육교사는 어린이집 경험에 의한 영유아의 실제적 발달 상태를 숙지하고 여러 가지 보육활동을 익혀야 영유아의 발달에 적합하고 질 높은 보육을 행할 수 있다.

보육실습의 두 번째 목적은 영유아와 실제적 상호작용을 하는 풍부한 보육 경험과 함께 보육교사로서 갖추어야 할 태도와 자질의 형성이다. 보육실습을 통하여 교직에 대한 올바른 인식과 바람직한 태도를 형성하는 것은 취업한 이후 보육교사로서의 경력에 직접적인 영향을 미치는 중요한 요인이다. 보육교사로서 갖추어야 할 태도와 자질 형성은 지식과 기술의 형성 못지않게 중요한 것이다. 따라서 보육실습기간은 보육현장에서 여러 현장 전문가인 원장과 지도교사, 동료교사,

유아와의 실제적 상호작용 및 학부모와의 다양한 인간관계를 통하여 바람직한 보육교사상을 정립할 수 있는 시기다.

2) 보육실습의 의의

보육실습은 전문성 신장을 위하여 어린이집을 경험하고 실무를 익히는 과정으로, 반드시 이수하여야 하는 보육교사 양성 교육과정의 하나라고 할 수 있다. 예비 보육교사는 보육현장에서 영유아들과 직접 접촉하는 경험을 통해서 영유아에 대한 생생한 지식을 습득하여 이해하는 기회를 갖게 된다. 또한 지도교사의 지도를 받으면서 어린이집을 경험해 보는 보육실습은 예비교사들이 학교에서 배운 보육이론을 실제로 어린이집 현장에 직접 적용해 보는 기회일 뿐만 아니라 교실에서 배운 이론적 지식을 넘어서서 보육교사로서 필요한 실제 지식과 기술을 획득하는 데 의의가 있다. 실제 어린이집에 임하여 영유아와 함께 생활하는 것보다 더 효과적이고 역동적인 학습방법은 없다.

현직 교사의 교수방법을 본보기로 관찰하고 배우는 기회를 갖는 것은 전문성을 높이기 위하여 반드시 필요한 교육과정이다. 그러나 현직 교사의 교수방법을 관찰하고 배우는 기회를 쉽게 가질 수는 없다. 경험 있는 교사의 보육 및 교수활동을 관찰하는 것을 넘어서서 자신이 설계하고 계획한 보육활동 및 교육활동을 실제로 실시해 보고, 지도교사 및 다른 보육 교직원의 조언을 들을 수 있는 매우 귀중한 기회다. 또한 보육실습은 현장 전문가의 모든 실제를 볼 수 있는 유일한 기회이며, 자신의 있는 그대로의 모든 보육활동에 대한 평가를 받을 수 있는 소중한 기회다.

보육실습은 또한 기존에 습득한 전문지식을 보육현장에서 직접 실천해 봄으로써 보육교사가 될 사람으로서 자신을 평가 · 점검하여 보육교사에 대한 적성 여부를 최종 점검해 보는 과정이다. 이 과정이 자신의 적성에 맞는 직업인지, 자신의 능력을 잘 발휘할 수 있는 직업인지를 판단할 마지막 기회가 된다. 또한 보육실습에서 예비 보육교사들이 교직의 한 측면을 체험해 볼 수 있는 기회로서 어린이집 내에서 교직원들과의 역동적인 인간관계를 체험함으로써 인간관계의 중요성을 인식하게 된다.

예비 보육교사들이 자신의 장래 계획을 좀 더 숙고하여 보육실습기간 동안 어린이집의 운영 관리에 눈을 돌린다면 어린이집의 전반적인 운영과정을 파악할 수 있고, 운영에 필요한 기술을 관찰하고 배우는 기회도 가질 수 있다.

종합하면, 보육실습의 의의는 대학 교육과정에서 배운 지식과 기술을 실제 현장에서 적용해 보면서 직간접적으로 보육교사로서의 광범위한 역할을 배워 보육교사가 되기 위한 전문적 지식, 태도, 능력을 계속해서 습득해 나가는 단계로서 보육교사로의 전문적 능력을 향상시키는 데 있는 것으로 볼 수 있다.

3. 보육실습 관련규정

1) 보육교사 자격기준

보육교사 자격에 관련된 규정을 살펴보면 다음과 같다. 먼저 예비 보육교사는 대학 혹은 양성기관에서 정해진 선수 교과목을 이수한 다음 보육실습을 하고 보육교사 자격증을 받을 수 있다. 보육교사의 자격기준은 「영유아보육법 시행령」 제21조에 〈표 1-1〉과 같이 규정하고 있다.

〈표 1-1〉 **보육교사 자격기준(2014년 3월 1일 시행)**

등급	1급	2급	3급
자격기준	1. 보육교사 2급 자격을 취득한 이후 3년 이상의 보육업무 경력과 보건복지부장관이 정하는 승급교육을 받은 자	1. 전문대학 또는 이와 같은 수준 이상의 학교에서 보건복지부령이 정하는 보육관련 교과목 및 학점을 이수하고 졸업한 자	고등학교 또는 이와 같은 수준 이상의 학교를 졸업한 사람으로서 보건복지부령이 정하는 교육훈련시설에서 소정의 교육과정을 수료한 자
	2. 보육교사 2급 자격과 보육관련 대학원에서 석사학위를 취득한 자로서 1년 이상 보육업무 경력과 보건복지부장관이 정하는 승급교육을 받은 자	2. 보육교사 3급 자격을 취득한 이후 2년 이상의 보육업무 경력과 보건복지부장관이 정하는 승급교육을 받은 자	

2) 이수과목

2010년에 개정된 「영유아보육법 시행규칙」에 따라 대학 등에서 이수하여야 할 교과목은 17과목 51학점 이상이다. 이는 2014년 3월 1일 시행하여 2016년까지 시행되며, 구체적인 교과목과 학점은 〈표 1-2〉와 같다.

〈표 1-2〉 **보육교사 자격기준 교과목 및 학점(2014년 3월 1일 시행)**

영역	교과목	이수과목(학점)
보육필수	아동복지(론), 보육학개론, 영아발달, 유아발달, 보육과정, 보육교사론	6과목(18학점) 필수
발달 및 지도	인간행동과 사회 환경, 아동관찰 및 행동연구, 아동상담(론), 아동 생활지도, 특수아동 이해, 장애아지도	1과목(3학점) 이상 선택

영유아교육	놀이지도, 언어지도, 아동문학, 아동음악, 아동동작, 아동미술, 아동수학지도, 아동과학지도, 영유아프로그램 개발과 평가, 영유아교수방법(론)	6과목(18학점) 이상 선택
건강 · 영양 및 안전	아동건강교육, 아동간호학, 아동안전관리, 아동영양학, 정신건강(론)	2과목(6학점) 이상 선택
가족 및 지역사회 협력 등	부모교육(론), 가족복지(론), 가족관계(론), 지역사회복지(론), 보육정책(론), 보육시설운영과 관리	1과목(3학점) 이상 선택
보육실습	보육실습	1과목(3학점) 필수
전체	17과목(51학점) 이상	

그러나 보육교사의 인성 및 자질 향상이 무엇보다 중요하다는 사회적 관심과 요구가 높아지면서 영유아보육법 시행규칙 개정(2016년 1월 12일 공포, 보건복지부령 제392호)에 따라 보육교사로서의 전문성을 높일 수 있도록 대면교육 및 현장실습을 강화하는 내용으로 보육교사 자격기준을 변경하였다. 그리하여 2017년 1월 1일 이후에 대학 등에서 보육교사 자격을 취득하려는 사람은 변경된 사항을 적용받게 된다. 주요 변경 사항을 살펴보면 다음과 같다.

첫째, 교육영역은 보육필수, 발달 및 지도, 영유아교육, 건강 · 영양 및 안전, 가족 및 지역사회 협력 등, 보육실습 등의 6개영역에서 교사인성, 보육 지식과 기술(필수 및 선택), 보육실무 등 3개 영역으로 변경되었다.

둘째, 대면교육이 강화되었다. 보육교사의 전문성과 보육서비스의 질적 수준의 향상을 위해 사이버 교육만으로 보육교사 자격을 취득하는 데에 따른 부작용을 해소하기 위해 대면으로 수업이 필요한 교과목을 9개 과목 지정하였으며, 대면교과목당 8시간 출석 수업 및 출석 시험을 의무화하였다.

셋째, 보육실습 기준을 강화하였다. 현행 정원 15인 이상의 어린이집에서 4주 160시간 이상의 보육실습을 하도록 하는 기준을 정원 15인 이상의 평가인증을 유지하는 어린이집에서 6주 240시간을 보육실습을 하도록 하였다.

2017년 1월 1일 이후 입학한 사람부터 적용되는 보육교사 2급 자격기준을 위하여 보육실습 이전에 이수해야 하는 교과목 및 학점은 〈표 1-3〉과 같다.

〈표 1-3〉 보육교사 2급 자격기준 교과목 및 학점(2017년 1월 1일 이후 입학자)

영역	교과목	이수과목(점수)
교사 인성	보육교사(인성)론, 아동권리와 복지	2과목(6학점) 필수
보육지식과 기술(필수)	보육학개론, 보육과정, 영유아발달, 놀이지도, 영유아교수방법론, 언어지도, 아동음악(또는 아동동작, 아동미술), 아동수학지도(또는 아동과학지도), 아동안전관리(또는 아동생활지도)	9과목(27학점) 필수
보육지식과 기술(선택)	아동건강, 영유아 사회정서지도, 아동문학교육, 아동상담론, 장애아지도, 특수아동 이해, 어린이집 운영관리, 영유아 보육프로그램 개발과 평가, 보육정책론, 정신건강론, 인간행동과 사회환경, 아동간호학, 아동영양학, 부모교육론, 가족복지론, 지역사회복지론	4과목(12학점)이상 선택
보육실무	아동관찰 및 행동연구, 보육실습	2과목(6학점) 필수
전체	17과목 51학점 이상	

대면교과목 강화에 따라 2017년 1월 1일 이후 입학한 사람은 다음의 〈표 1-4〉의 과목을 출석 수업을 하여야 한다. 즉, 사이버 강의로 학점을 이수하더라도 과목당 반드시 8시간 이상 출석 수업에 참석하여야 하며, 1회 이상의 출석 시험을 실시하여야 한다.

〈표 1-4〉 교육영역별 대면교과목

영역	교과목
교사 인성	보육교사(인성)론, 아동권리와 복지
보육지식과 기술	놀이지도, 언어지도, 아동음악(또는 아동동작, 아동미술), 아동수학지도(또는 아동과학지도), 아동안전관리(또는 아동생활지도)
보육실무	아동관찰 및 행동연구, 보육실습

또한 보육교사 3급 자격을 취득하려면 시도지사가 지정한 교육훈련시설에 2016년 8월 1일 이후에 입학한 사람부터 〈표 1-5〉의 교육과정을 이수하여야 한다.

〈표 1-5〉 보육교사 3급 자격기준 교육과정

영역	교과목	이수과목(점수)
교사 인성	보육교사(인성)론(3학점), 아동권리와 복지(3학점)	2과목(6학점) 필수
보육지식과 기술	보육학개론(3학점), 보육과정(3학점), 영유아 발달 및 지도(3학점), 아동생활지도(3학점), 영유아 문제행동지도 및 상담(3학점), 특수아동 이해와지도(3학점), 놀이지도(3학점), 언어지도(3학점), 아동음악과 동작(3학점), 아동미술지도(3학점), 아동수학지도 · 아동과학지도(3학점), 영유아교수방법론(3학점), 교재교구개발(3학점), 부모교육(3학점), 영유아 건강지도(2학점), 영유아 영양지도(2학점), 아동 안전관리(3학점), 어린이집 운영관리(3학점)	18과목(52학점) 필수
보육실무	아동관찰 및 실습(3학점), 보육실습(4학점)	2과목(7학점) 필수
전체	22과목 65학점 이상	

보육실습은 교육과정과 방과후 과정을 운영하는 유치원에서의 교육실습의 경우 보육실습으로 인정된다. 「영유아보육법 시행규칙」(보건복지가족부, 2009)은 실습할 기관, 지도교사, 실습기간, 평가에 관한 사항을 명시하고 있다. 즉 실습기관은 보육정원 15인 이상인 어린이집 또는 교육과정과 방과후 과정을 운영하는 유치

원이어야 한다. 이때 방과후 과정을 운영하는 유치원은 교육청에 방과후 과정을 운영하는 유치원으로 등록된 기관이어야 한다. 2016년까지의 실습은 평가인증을 받은 기관에서 실습하면 되나 2017년부터 실습하는 경우는 평가인증을 유지하는 어린이집에서 실습하여야 한다. 어떠한 어린이집을 선택할 것인가는 자신이 앞으로의 취업, 혹은 어린이집 운영에 관한 계획에 따라 적절한 기관을 결정하는 것이 바람직하다. 실습기관을 정할 때 염두에 두어야 할 사항은 앞으로 자신의 진로와 관련지어야 하며, 이 모든 것들을 보육실습 담당교수와 상의하는 것이 좋다.

실습기관의 지도교사는 반드시 보육교사 1급 혹은 유치원교사 1급 자격을 가진 자여야 한다. 원장, 원감의 자격을 가졌더라도 1급 교사자격을 갖고 있지 않으면 지도교사로 인정되지 않는다. 이러한 자격증을 소지하였더라도 경력이 얼마나 되었으며, 실습생을 지도해 본 경험이 있는지 등 여러 가지 사항을 검토하여야 한다. 실습기간은 2016년까지는 1일 8시간, 연속으로 4주, 160시간 이상을 원칙으로 하되, 야간 대학 등의 경우에는 실습을 2회에 나누어 실시할 수 있다. 즉, 주 1일씩 실습하여 160시간 동안 실습하는 것은 인정되지 않는다. 한편 2017년 1월 1일 이후 보육실습을 하게 되는 경우 6주 240시간을 실습하여야 하며, 2회로 나누어 실시할 수 있다. 실습의 평가는 실습계획서에 근거하여 행하되 평가점수 80점 이상인 경우에만 실습을 이수한 것으로 인정한다.

2017년 1월 1일 이후 보육실습을 하게 되는 실습생에게 적용되는 보육실습 기준을 요약하면 〈표 1-6〉과 같다.

〈표 1-6〉 변경된 보육실습 기준(2017년 1월 1일 이후 적용)

구분	기준
실습 운영	이론수업과 보육현장실습으로 운영
실습 기간	6주 240시간(2회에 나누어 실시 가능)
실습 기관	• 정원 15명 이상으로 평가인증을 유지하는 어린이집 • 방과후 과정을 운영하는 유치원
실습 지도교사	• 보육교사 1급 또는 유치원 정교사 1급 • 실습 지도교사 1명당 보육실습생 3명 이내 지도
실습 인정시간	• 평일(월요일~금요일) 오전 9시~오후 7시 사이 • 실습시간은 하루에 8시간을 초과할 수 없음
실습의 평가	• 보육실습일지와 실습평가서 작성 • 평가점수 80점 이상

Chapter 02

보육실습의 과정

1. 보육실습의 준비

2. 정규 보육실습

3. 보육실습 평가

1. 보육실습의 준비

보육현장에서 실제적 보육능력을 함양하는 보육실습을 성공적으로 수행하기 위해서는 실습생, 대학, 실습 기관 각각에서 철저한 준비를 하여야 한다.

1) 실습생의 준비

보육실습에 임하는 실습생이 실습 목적을 충분히 완수하기 위해서는 올바른 마음가짐과 철저한 자기 점검이 필요하다. 인간발달과정에서 영유아기는 발달이 개별적이고, 환경의 영향을 많이 받으며, 주위 사람들에게도 민감하게 반응하는 시기다. 이 시기의 영유아들은 교사들의 행동, 몸짓, 언어 등에도 민감하게 반응하고 모델링을 한다. 그러므로 보육실습에 임하는 실습생은 보육실습이 이루어지기 전에 반드시 철저한 자기 점검을 해야 한다.

(1) 개인적 준비

실습생은 보육실습에 참가하기 전에 자기 자신의 신체적 · 성격적 · 지적 측면에서 보육활동을 수행할 수 있는지에 대한 냉정하고도 객관적인 분석이 필요하다.

① 신변정리

실습생은 보육실습을 시작하기 전에 가정 혹은 학교의 일들과 아르바이트 혹은 봉사활동 등 자신의 개인적 용무를 정리하고 차분하게 실습에만 집중할 수 있도록 하여야 한다. 보육실습을 하는 동안에는 다른 일보다도 더 오랜 시간 근무해야 하고, 집에 돌아와서도 다음날을 준비하느라 다른 일에 신경을 쓸 겨를이 전혀 없기 때문이다.

② 마음가짐

또한 보육실습에 대하여 어떠한 마음가짐을 가지느냐에 따라 실습을 성공적으로 마칠 수도 있고 도중에 하차할 수도 있다. 자신이 하고 있는 일인 영유아를 돌보는 일이 가치 있는 일이며, 이 사회에서 보람된 일을 한다는 사명감을 가지고 최선을 다하겠다는 마음가짐을 가져야 한다.

③ 모델

영유아기는 발달적으로 외부의 인적 · 물적 환경에 의하여 쉽게 영향을 받는 시기다. 따라서 보육실습생은 예비교사로서 자신의 언행이 영유아에게 깊은 영향을 미침을 인식하고, 행동, 언어, 몸짓 및 생활습관에 이르기까지 영유아들에게 좋은 모델이 되도록 자신을 점검하고 좋은 모습을 유지하도록 신경 써야 한다.

④ 체력관리

실습생은 정신적 마음가짐 및 태도 못지않게 신체적 건강과 이를 유지하기 위한 규칙적 생활습관을 가지도록 노력해야 한다. 대학에서의 자유로운 시간 활용에 익숙한 학생들은 불규칙한 생활습관을 가지기 쉽다. 그러나 보육실습은 매일 여러 명의 영유아들을 보살피고 상호작용하는 가운데 하루를 보내기 때문에 매우 많은 에너지를 사용하여 신체적으로 피곤할 수 있다. 또한 실습이 끝난 방과 후 시간에도 교구제작 및 보육활동 준비를 밤늦게까지 해야 하기 때문에 체력을 유지하기 위하여 철저한 자기관리를 해야 한다.

⑤ 인간관계

보육실습을 하는 어린이집은 예비 직장이라고 할 수 있다. 여기서는 다양한 인간관계가 역동적으로 이루어지고 있음을 명심하고, 실습생으로서 자신의 위치에서 적절한 대처를 하도록 해야 한다.

(2) 영유아 지도를 위한 준비

실습생은 자기 자신에 대한 엄격한 준비 외에도 영유아 지도를 위한 각종 준비를 철저히 해야 한다.

① 준비물

보육실습에 필요한 준비물을 점검한다. 즉, 실습일지, 실습생 신상카드, 자기소개서, 명찰, 파일, 필기도구, 실내화, 활동복, 앞치마 등을 준비하고 그 외 준비물은 보육실습 기관의 규정에 따른다.

준비물

- **건강검진 결과:** 보건소의 전염성 질환(간염, 결핵, 장티푸스, 성병 등)에 대한 건강검진 결과표(구 보건증)
- **보육실습생 신상카드**
- **보육실습생 서약서**
- **자기소개서:** 실습생의 학력과 보육에 관련된 경력 및 자원봉사 경험 등을 기술

하며, 실습생 자신의 장점과 단점을 논리적으로 기술하고, 보육에 관련된 가치관과 보육관 및 전공 선택 이유와 앞으로의 진로 선택에 관해 기술한다.

- **명찰**(대학명, 보육실습생 이름): 보육교사의 경우 영유아와 신체적 접촉이 잦기 때문에 금속 등 딱딱한 재질로 되어 있거나 각이 뾰족한 명찰은 영유아에게 상처를 입힐 수 있으므로 재질이 부드럽고 각이 둥그스름한 것으로 준비해야 한다.
- **보육실습비**: 실습생이 보육시설에 내는 것으로 보육실습 지도교사 수당, 보육실습생 중식비, 보육활동 재료비 등이 포함되며, 대학 및 보육교사 양성 기관에서 보육실습 기관 명의의 통장으로 직접 송금함을 원칙으로 하고 반드시 영수증을 수령하여야 한다.
- **실습일지 및 필기도구**: 다양한 양식이 있으며, 실습 기관 혹은 지도교사와 협의하여 작성할 수 있다. '제4장 보육실습의 기록 3. 보육실습일지'에 작성된 일지의 예를 참조하라.
- **실내화, 활동복 및 앞치마**: 실내화는 신을 때 최소한의 소리가 나는 것으로 선택하여야 한다. 활동복은 항상 깔끔하게 입으며, 활동하기에 편하고 세탁이 쉬운 것으로 선택하여야 한다. 앞치마는 매일 세탁하여야 하며, 부드러운 재질로 선택하여야 한다.
- **실외 놀이용 신발**: 영유아들과 실외 놀이를 할 때 신을 운동화 등 편안한 신발이 반드시 필요하다.

② 협력과 지원

동일한 기관에 배정된 실습생들끼리 혹은 온라인상 다른 기관의 실습생들과 보육활동의 계획과 준비에 관하여 토의하고, 더 나아가 힘들거나 어려운 일들에 대하여 서로 격려하며 정서적인 지원을 하여 실습을 성공적으로 마치도록 협력한다.

③ 보육활동 준비

보육 및 보육활동의 계획, 교재교구, 주의집중을 위한 손유희 등을 준비하도록 한다. 이러한 자료는 어디에서 쉽게 찾을 수 있으며, 어떤 웹사이트가 좋은지 미리 알아 두는 것이 편리하다. 〈표 2-1〉은 대표적인 유아교육 관련 사이트다.

〈표 2-1〉 유아교육 관련 사이트

유아교육 키드키즈 www.kidkids.net	• 활동계획서, 사진자료, 교구제작서 • 유아교사와의 커뮤니케이션과 사진자료
꼬망세 www.edupre.co.kr	• 교육계획안 및 주제별 계획안 • 교구 만들기 자료
유아교육대표카페 www.ebscafe.co.kr	• 보육활동 자료 및 계획서, 손유희 • 영역별 만들기 자료 및 동영상
동심 www.edpia.com	• 교육정보, 보육활동 자료, 기타 자료 • 원 선생님, 교사교육, 실습의 모든 것
깨비키즈 www.kebikids.com	• 연령, 영역별 동화자료 및 활동지 자료 • 동요 및 게임자료
풀잎동요마을 www.pulip.ktdom.com	• 음악자료 및 동요 검색 가능 • 악보 지원 및 동요 듣기 가능
한국구연동화지도사협회 www.ikasi.or.kr	• 자료실 목록 – 전래동화, 외국동화, 생활동화 • 동화구연 감상 가능
유치원 www.yoochiwon.com	• 활동 계획 및 월간 계획서 참고 가능 • 교수자료 참고

(3) 실습지 사전방문 및 근무요령

실습생은 자신이 실습할 기관을 미리 방문하여 어린이집 원장 및 지도교사와 인사를 나누고 기관의 특성을 파악해야 하는데, 이를 통해 실습에 대한 불안감을 낮추고 실습할 수 있게 된다. 실습 기관을 방문하기 전에 미리 전화로 방문약속을 잡아야 하며, 대학에서 보내는 서류 등이 있으면 이를 전달하고, 실습생 자신의 이력서 혹은 자기소개서를 가지고 가면 어린이집 원장 혹은 실습지도교사가 실습생을 파악하고 지도하기가 쉽다.

① 사전 방문 시 파악해야 할 사항

- 기관의 위치, 교통편, 집으로부터 걸리는 시간을 확인한다.
- 출퇴근 시간을 파악한다.
- 보육실습 기관의 보육 철학 및 이념, 프로그램 운영방침을 파악한다.
- 보육실습 기관의 현황(보육교사, 영유아, 시설)을 파악한다.
- 보육실습을 하게 될 학급의 특성(연령, 인원수, 성비, 영유아의 특성, 하루일과 등)을 파악한다.
- 기관의 연간, 월간, 주간 보육계획안과 그 외 관련 양식을 받는다.
- 보육실습기간 중 행사 일정을 파악한다.
- 보육실습 기관의 보육실습생 준수사항 및 유의사항을 파악한다.
- 보육실습에 필요한 준비물을 점검한다.

② 보육실습생 근무 지침

- 시간을 엄수한다. 매일 정해진 시간에 출근하여 출근부에 날인하도록 하고, 퇴근 시 보육실습 지도교사와 어린이집 원장에게 허락을 받고 퇴근한다.
- 실습기간 중 무단결석, 지각, 조퇴 등을 하지 않는다.
- 부득이하게 결근, 조퇴 등을 해야 할 경우에는 서류를 사전에 제출하고 승인을 받는다.
- 부득이한 사유로 보육실습 기관에서 결근 허락을 받은 경우, 결근 일수만큼 다른 날짜에 보육실습을 하여 보육실습 일수를 맞추도록 한다.
- 근무 시간 중에는 출타하지 않는다.
- 실습 어린이집의 보육방침을 이해하고 적극 협력한다.

- 지도교사의 지시에 성실히 따른다. 또한 보육계획안은 보육활동 전에 지도교사에게 제출하여 지도를 받은 후 보육활동에 임한다.
- 원장 선생님이나 지도교사에게 자신의 의견을 피력하고자 할 때는 때와 장소를 고려한다. 자신이 배우는 입장임을 한시도 잊지 않는다.
- 모든 일에 대하여 지도교사와 상의하여 처리한다. 특히 보육실습 중 응급상황이 발생했을 때는 즉시 보육실습 지도교사에게 알리고 지도를 받는다.
- 보육실습 중 휴대폰 사용을 금하고 보육실에 커피나 휴대폰을 가지고 들어가지 않는다.
- 다른 실습생, 원아, 교사들 간에 표준말과 존댓말을 사용하며, 불필요한 이야기를 하지 않는다.
- 활동적이고 단정한 복장을 한다.
- 손톱은 짧게 깎고, 손은 언제나 청결하게 관리한다. 영유아의 안전과 위생을 위해 긴 머리카락의 경우 단정히 뒤로 묶는다.
- 어린이집의 기밀, 원장, 지도교사 및 원아의 사적인 사항을 타인에게 발설하지 않는다.
- 학부모 질문 시 그 자리에서 답변하기보다는 자신이 실습생임을 밝히고 보육실습 지도교사에게 안내한다.
- 실습일지를 매일 작성하여 지도교사의 확인을 받는다.

2) 대학에서의 준비

(1) 실습시기 및 방법 결정

보육실습은 대학에서 대부분의 선수 교육과정을 이수한 후에 하는 것을 원칙으로 하여야 한다. 특히 평생교육원에서는 최소한의 교과목을 이수하고 보육교사 자격증을 취득하기 때문에 아직 여러 교과목을 이수하고 있는 학기 중에 보육실습을 나가게 되면 중요한 여러 교과목에 대한 학습기회를 놓치게 되고 실습생으로서는 준비가 덜 된 상태에서 실습을 나가기 때문에 어려움이 가중된다. 따라서 대학에서 관련 전공으로 보육교사 과정을 이수하는 경우는 마지막 학기, 평생교육원인 경우는 선수 교과목을 모두 수강한 이후에 실습을 나가도록 하는 것이 바람직하다.

보육실습 중 다른 교과목의 학업 손실을 막기 위하여 방학 중에 실습을 나가는 방법도 허용되고 있다. 이런 경우 '보육실습' 교과목을 수강하는 학기의 앞 혹은 뒤 방학이어야 함을 명심해야 한다. 간혹 보육실습을 하고 외국에 어학연수를 다녀오는 경우가 있는데, 이런 경우는 실습을 다시 하여야 한다. 또한 '보육실습' 수강신청을 한 학기의 뒤 방학 중에 실습을 할 경우는 학점 입력 기간을 살펴보고, 그 이전에 실습이 끝날 수 있는지를 확인하여야 학점을 받을 수 있다. 여름방학에는 교사들 휴가기간과 겹치지 않는지, 정상적인 교육과정이 운영되는지 등을 확인하고, 겨울방학에는 성탄절 및 연말연시 휴가와 겹치지 않는지 등을 확인하고 결정하여야 한다.

보육실습을 할 기관과의 사전 조율에 의한 시기 및 방법의 결정이 매우 중요하다. 너무 많은 실습생이 몰려서 제대로 지도를 받을 수 없는 경우, 실습생이 너무 적어서 실습생끼리의 피드백과 공동 협력을 하지 못하는 경우도 바람직하지 않다. 보육실습 담당교수는 실습 기관과 충분한 협의를 거쳐 계획적이고 효율적인 보육실습이 이루어지도록 하여야 한다. 가능하면 실습 협력 기관들을 미리 섭외하고 실습 기관의 실습 담당교사와 교수들 간에 공식적인 협의과정을 충분하게 거치는 것이 바람직하다.

(2) 실습 기관의 선정과 배정

실습 기관을 실습생과 실습 담당교수가 협의하여 선정하는 것이 바람직하다. 먼저 실습 나갈 지역의 시청 혹은 구청의 가정복지과, 보육정보센터 혹은 어린이집 연합회를 통하여 그 지역 내의 인가된 어린이집 명단을 확보한다. 실습생은 어떤 형태의 어린이집에서 실습을 할 것인지를 결정하여야 한다. 즉, 국·공립 어린이집, 민간 어린이집, 가정 어린이집, 법인 어린이집, 직장 어린이집, 교육과정과 방과후 과정을 운영하는 유치원 등의 여러 형태 중에 한 가지 형태를 결정하여야 한다. 자신이 졸업한 후 어떤 형태의 어린이집에 취업할 것인가를 고려하여 어느 형태의 기관에서 실습할 것인가를 결정하면 된다. 일반적으로는 규모가 어느 정도 크고, 실습생을 지도해 본 경험이 있는 기관을 선정하는 것이 좋다. 특히 기관 선택 시 자신이 실습하는 동안 얼마나 좋은 모델을 볼 수 있고, 얼마나 많이 배울 수 있는가를 기준으로 선정하여야 한다. 어떤 실습생은 실습 기관에서 "어떤 반에 배정해 주길 원하세요?"라는 원장선생님의 질문에 "실습생의 도움이 필요한 반에 배정해 주세요."라고 했다고 한다. 이는 큰 실수다. 자신을 가장 잘 지도해 줄 수 있는 교사가 있는 반으로 배정해 달라고 하는 것이 정답이다.

실습 기관의 배정은 실습 담당교수가 실습 나갈 학생들이 희망하는 기관을 적어내도록 한 후, 한 기관에 너무 몰리지 않고, 가능하면 다른 실습생들과 함께 실습할 수 있도록 최종적으로 조정하여 골고루 배정한다. 이러한 과정은 최소한 한 학기 전에 미리 이루어져야 한다. 왜냐하면 인기가 있는 실습 기관은 실습예약이 빨리 마감되기 때문이다. 만약 실습생이 특별히 특정 기관을 선정하여 실습하고자 할 때에는 구두로 허락을 받은 후 보육실습 승낙서를 기관으로부터 받아서 대학에 제출하여야 한다.

(3) 실습의뢰 및 그 외 발송 서류

실습의 사전 준비로서 해당 대학에서 할 마지막 일은 실습의뢰 공문을 발송하는 것이다. 실습의뢰 협조문을 발송할 때 실습할 학생 명단과 함께 실습계획서, 즉 실습 기관에서 실습할 내용과 방법과 평가를 간략히 기술한 계획서와 평가서를 함께 보내 의사소통을 명확히 하는 것이 좋다.

대학에서 보육실습이 시작되기 전에 준비해야 할 서류는 다음과 같다.

보육실습 시 준비해야 할 서류

- 보육실습 신청서(부록 1 참조)
- 보육실습 협조공문(부록 2 참조)
- 보육실습 동의서(부록 3 참조)
- 보육실습생 신상카드(부록 4 참조)
- 보육실습생 서약서(부록 5 참조)
- 보육실습생 상해보험(권장사항)

(4) 보육실습계획

보육실습계획은 실습 기관의 여러 상황에 따라, 또는 지도교사의 교육관에 따라 달라질 수 있지만, 대체로 다음과 같은 내용을 가지고 대학 측과의 사전 협의하에 이루어진다고 볼 수 있다. 정해진 기간 동안 지도교사와 지도교수의 지도하에 보육현장에서 보육교사로서의 직무수행을 전체적으로 경험하게 되는데, 2017년 1월 1일 이후부터의 보육실습은 6주 240시간 실시된다. 이 기간 동안 교사의 역할을 모두 수행해 볼 수 있도록 관찰에서부터 실제 지도에 이르기까지 교사로서의 경험을 하게 된다. 마지막 주에는 예비 보육교사 자신이 1~2일 동안 혼자 힘으로 보육교사의 모든 임무를 수행해 보는 기회까지 갖는다는 점이 현장참관과는 다르다(이소희, 2005).

보육실습 진행과정

- **참관실습**: 관찰은 보육실습기간 동안 계속적으로 이루어진다. 특히 첫 주에는 다른 보육활동을 계획하지 말고 주로 참관을 하도록 한다. 관찰의 주된 내용은 연령에 따른 보육실 환경구성의 특성, 하루일과의 진행, 영유아의 발달특

성, 담임교사의 역할 및 영유아와의 상호작용이다.

- **참여실습**: 지도교사의 보조교사로서 보육활동을 보조하고 영유아의 놀이 활동에 참여하여 그들과 상호작용한다. 참여실습은 보육실습기간 동안 계속적으로 이루어진다.
- **지도실습**: 지도교사의 지도 아래 보육실습생이 단위 보육활동, 2개 이상의 단위 보육활동 혹은 전이활동이 연결된 연계활동, 실습의 마지막에 반일 혹은 종일보육활동을 직접 계획, 실행한다.
- **반일/종일 보육**: 등원에서 시작하여 반나절 또는 귀가까지 하루일과를 운영한다.

보육실습 6주 동안 보육실습생은 영유아를 관찰하고, 보조교사로 참여하기 시작한다. 보육실습생이 기관 및 해당반의 영유아와 하루일과에 익숙해지면, 보육실의 흥미영역 중 한 개 영역에 해당하는 보육활동을 계획하여 직접 실행해 보고, 점차 다른 영역으로 확대해 본다. 마지막으로 반일이나 일과전체에 대한 보육계획안을 보육실습생이 직접 작성하고, 교재교구를 준비하여 영유아를 지도하는 과정으로 보육실습을 하게 된다. 2017년부터 보육실습이 6주로 확대됨에 따라 영아반과 유아반의 실습경험을 골고루 쌓기 위한 주차별 보육실습 진행과정의 예시를 제시하면 〈표 2-2〉와 같다.

〈표 2-2〉 주차별 보육실습 진행과정의 예시

기간	실습반	내용
1주	영아반	• 보육실습 오리엔테이션 • 영아반 실습 일정 협의 • 영아반 관찰(흥미영역 및 하루일과 구성, 영아반 교사의 업무 관찰) • 영아-영아, 영아-교구, 영아-교사 상호작용 관찰 • 지도교사 보조 • 1주차 보육실습 및 보육활동에 대한 평가: 지도교사, 보육실습생 • 2주차 보육활동 계획 및 검토

2주	영아반	• 영아의 일상적인 생활지도 방법 익히기 • 영역별 보육활동 참여(흥미영역 활동 1~2회 진행) • 단위 보육활동 지도: 특정 시간 또는 특정 활동지도, 전이활동, 연계활동 • 지도교사 보조 • 2주차 보육실습 및 보육활동에 대한 평가: 지도교사, 보육실습생 • 3주차 보육활동 계획 및 검토
3주		• 반일(또는 일일) 보육활동 운영 • 영아용 교재교구 제작 • 지도교사 보조 • 3주차 보육실습 및 보육활동에 대한 평가: 지도교사, 보육실습생 • 4주차 보육활동 계획 및 검토
4주	유아반	• 유아반 실습 일정 협의 • 유아반 관찰(흥미영역 및 하루일과 구성, 유아반 교사의 업무 관찰) • 유아-유아, 유아-교구, 유아-교사 상호작용 관찰 • 4주차 보육실습 및 보육활동에 대한 평가: 지도교사, 보육실습생 • 5주차 보육활동 계획 및 검토
5주		• 영역별 보육활동 참여(흥미영역 활동 2회 진행) • 단위 보육활동 지도: 대소집단 활동, 연계활동 • 지도교사 보조 • 5주차 보육실습 및 보육활동에 대한 평가: 지도교사, 보육실습생 • 6주차 보육활동 계획 및 검토
6주		• 반일(또는 일일) 보육활동 운영 • 유아용 교재교구 제작 • 지도교사 보조 • 6주차 보육실습 및 보육활동에 대한 평가: 지도교사, 보육실습생 • 보육실습에 대한 총평 및 보육실습 평가회: 원장, 지도교사, 보육실습생 • 보육실습 종료(보육실습생 평가표, 일지, 출근부 정리)
비고		• 영아반은 일상적 양육이 하루일과에서 중요한 부분을 차지하며, 개별지도 및 소집단 지도 중심으로 진행함, 대집단 보육활동이 없으며 전이활동으로 대체 • 유아반은 개별, 소집단, 대집단 보육활동을 모두 진행하며, 흥미영역의 활동도 골고루 경험해 볼 수 있도록 함

(5) 지도교수의 실습 기관 방문

지도교수가 실습생이 실습을 하고 있는 동안 실습 기관을 방문하는 것은 실습을 효율적으로 하도록 도울 뿐만 아니라 다음의 실습도 원활하게 진행할 수 있게 한다. 실습 담당교수가 많은 실습 기관을 모두 방문할 수 없을 때는 학과의 다른 교수들과 협의 후 분담하여 방문을 하고 방문결과를 협의회를 통하여 공유하는 것도 좋다.

지도교수가 실습 기관을 방문하여 실습생의 보육활동을 관찰하고, 실습에 대하여 구체적으로 협의하며 문제점 등을 논의할 수 있다. 즉, 실습생의 초기 교실 관찰, 일상 영역의 보육활동, 자유선택활동 영역에서의 영유아와의 상호작용, 단위 보육활동과 연계 보육활동, 종일보육의 구체적인 방법과 문제점 등을 논의하여 해결할 수 있다. 가능하다면 실습 기관과의 사전 협의에 의하여 실습생의 보육활동을 관찰할 기회를 갖도록 하고 실습 후에 행해지는 보육실습 협의회에서 실습 기관의 실습 담당자와 학과 교수들이 함께 논의함으로써 학과의 교육과정 혹은 방법을 개선할 수도 있고, 실습생의 추후 실습 지도 혹은 다음 해의 보육실습 지도에도 큰 도움이 된다.

(6) 실습 기관과 대학 간 협의회

보육실습을 실습 기관에게, 기관의 지도교사 1인에게 맡겨 버리는 것은 무책임한 일이다. 대학의 교수, 실습생, 어린이집 원장 및 교사들 각각이 가지고 있는 보육실습에 대한 개념이 다를 수 있고, 대학에서 바라는 보육실습과 현장의 담당자들이 부과하는 실습은 꽤 큰 차이가 날 수도 있다. 더구나 보육실제는 기관의 형태와 교사의 질에 따라 그 질과 내용 및 방법이 다를 수 있다. 현장의 교사들은 하루 종일 아이들과 함께하기 때문에 대학의 담당교수들과 의사소통할 수 있는 기회도 많지 않다. 따라서 보육실습을 시작하기 전과 실습을 하고 난 후에 보육실습 기관의 원장 및 실습 담당자와 대학의 실습 담당교수 및 학과 교수들과 정기적인 협의회를 갖는 것이 바람직하다.

실습 전 협의회에서 대학의 관계자들은 실습 기관의 관계자들에게 보육실습을 어떻게 실시해 주기를 바라는지를 설명하고 실습 기관의 관계자들은 실습생들이 실습을 오기 전에 갖추어야 할 사항들을 구체적으로 설명하고, 실습을 충실하게 하도록 계획한다. 실습 후 협의회에서는 실습 동안 생긴 여러 가지 문제점 등에 대하여 논의하고 다음의 실습에 대하여 의논한다. 이러한 정기적인 협의회를 통하여 대학과 기관과의 입장 차이를 좁혀 나가고 질 높은 실습을 통하여 질 높은 보육교사를 배출할 수 있을 것이다. 실습 전후의 협의회에서 논의할 사항들을 정리하면 다음과 같다.

① 실습 전 협의회

- 대학에서 실습 기관 관계자가 시행해 주기 바라는 보육실습에 대하여 설명한다.
- 대학에서 현장경험이 없는 실습생들의 특성과 그들의 입장을 설명한다.
- 실습 기관에서 실습생이 실습 이전에 갖추어야 할 지식과 기술, 태도, 자질 등에 대하여 이야기한다.
- 실습 기관에서 실습생의 구체적인 준비사항 혹은 마음가짐, 실습기간 동안 지켜 주기를 바라는 것 등에 대하여 그들의 입장을 밝힌다.

② 실습 후 협의회

- 보육실습 동안 발견된 문제점에 대하여 논의한다.
- 다음의 실습을 위하여 무엇을, 어떻게 더 준비하여야 하는지 이야기한다.
- 다음의 실습은 어떻게 계획할 것인지에 대하여 논의할 수 있다.

3) 실습 기관의 준비

어린이집에서 실습생을 받는다는 것은 예비 보육교사들이 대학에서 배운 이론을 넘어서서 현장에서 영유아와의 실제적인 상호작용을 통하여 보육능력을 습득하도록 장소를 제공하고 그들을 지도한다는 매우 큰 의미를 갖는다. 그러나 대학 부속 혹은 협력 기관이 아닌 많은 어린이집들은 실습생을 받을 준비가 되어 있지 않은 경우가 있다. 원장과 지도교사는 질 높은 영유아 보육 후계자를 양성한다는 사명감을 갖고 제반 준비를 하여 지도하도록 하여야 한다. Henry와 Beasley(1982) 및 Guyton(1987)에 의하면 실습 기관이 실습생을 받는 것의 실제적 이점을 다음과 같이 설명하였다.

실습 기관이 실습생을 받는 이점

- 실습생의 참여로 인하여 현장의 교사들은 그들의 교수방법, 절차, 운영 등을 재검토해 볼 수 있는 기회를 가질 수 있다.
- 실습생들이 제공하는 참신하고 새로운 아이디어와 자료가 지도교사의 자원을 풍부하게 해 준다.
- 실습생 중에서 성실하고 우수한 학생을 교사로 미리 확보할 기회가 생긴다.

(1) 보육실습 지침서

실습 기관에서는 보육실습에 관한 제반 규칙을 결정하고 지침서를 만들어 실습생에게 제공하여야 한다. 보육실습을 효과적으로 수행하기 위하여 지침서에 필요한 내용은 다음과 같다.

보육실습 지침서에 필요한 내용

- 실습 기관의 설립 목적 및 보육철학

- 실습 기관의 건물 배치도 및 시설 배치도
- 기구 및 조직도와 교직원 현황
- 학급편제 및 원아 현황
- 연간 행사 및 현장학습 계획
- 연간 · 월간 · 주간 교육계획안
- 일과표
- 보육실습 일정표 혹은 실습 계획표
- 실습생 준수사항 혹은 유의사항

실습생 준수사항은 〈표 2-3〉〈표 2-4〉의 내용과 같다.

〈표 2-3〉 영아반 담당 실습생 준수사항

활동 시간	보육교사의 주요 활동 내용
준비 (시작 전 교실 점검)	• 영역별 놀잇감이 제자리에 정리되었는가? • 필요한 자료가 준비되었는가? • 화장실의 핸드 타월, 휴지, 수건, 걸레 등이 준비되었는가? • 가습기의 습도가 적절한가? • 쓰레기통이 비워졌는가? • 교실 환기를 시켰는가? • 보육실 점검 체크를 하였는가?
등원 및 실내 활동	• 영아 상태 확인하기(기분, 건강, 배변 여부, 청결상태 등) • 원아수첩 확인하기 • 결원보고서 작성하기(결석 영아 확인, 사유 기록)
점심 및 간식	• 손 씻기 지도 • 턱받이 하기 • 손 소독제 뿌리기 • 식습관 지도 및 정리정돈
오전 실내 자유놀이	• 영아가 보이는 곳에 위치하여 긍정적인 상호작용하기 (벽을 등지는 곳, 책상 바깥자리, 통로가 보이는 곳에 위치)
전이활동	• 활동 도중 수시로 정리 • 정리 노래와 함께 정리정돈 지도 • 기저귀 갈기 및 화장실 다녀오기
오전 실외 자유놀이	• 보조교사는 먼저 나가 실외 놀이터 점검하기 (대문 문고리 잠금 확인, 실외 놀이기구 점검 등) • 위험 요소가 있는 곳에서의 안전 지도
낮잠 준비	• 이 닦기, 손 씻기, 기저귀 갈이 및 화장실 다녀오기 • 잠잘 곳을 정리한 후 매트 놓기 • 커튼 내리기 및 소등 • 조용한 음악 틀기
낮잠	• 그림책을 읽어 주거나 토닥이며 잠자는 것을 돕기 • 잠이 깬 영아는 조용한 놀이하도록 돕기 • 수면 후 침구류 정리한 후 기저귀 갈기 및 화장실, 세수 • 원아수첩 작성하기
오후 실내외 자유놀이	• 개별적인 상호작용
귀가	• 부모에게 특이사항 전달하기 • 교구, 차후 활동 준비 후 일지 제출

〈표 2-4〉 유아반 담당 실습생 준수사항

활동 시간	보육교사의 주요 활동 내용
준비 (시작 전 교실 점검)	• 영역별 놀잇감이 제자리에 정리되었는가? • 필요한 자료가 준비되었는가? • 화장실에 핸드 타월, 휴지, 수건, 걸레 등이 준비되었는가? • 가습기의 습도가 적절한가? • 쓰레기통이 비워졌는가? • 교실 환기를 시켰는가? • 보육실 점검 체크를 하였는가? • 출석판에 유아 이름표가 잘 놓여져 있는가?
등원 및 실내 활동	• 유아 상태 확인하기(기분, 건강상태, 배변 여부, 청결상태 등) • 원아수첩 확인하기 • 결원보고서 작성하기(결석 유아 확인, 사유 기록)
점심 및 간식	• 손 씻기 지도 • 손 소독제 뿌리기 • 식습관 지도 및 정리정돈
오전 실내 자유선택활동	• 소개할 놀잇감 준비하기 • 유아가 보이는 곳에 위치하여 긍정적인 상호작용하기 (벽을 등진 곳, 책상 바깥자리, 통로가 보이는 곳에 위치) • 갈등상황 시 유아들 스스로 문제 해결하도록 돕기 • 다양한 영역에서 남녀 유아가 놀이하도록 돕기
정리정돈 및 대집단 활동	• 5분 전 정리정돈 시간 알리기 • 모두 정리에 참여하도록 돕기 • 정리를 마친 유아는 화장실 다녀오기 • 1/3 정도 정리가 되면 대집단 활동 준비 및 놀이 평가
오전 실외 자유선택활동	• 보조교사는 먼저 나가 실외 놀이터 점검하기 (대문 문고리 잠금 확인, 실외 놀이기구 점검 등) • 놀이 후 정리정돈하기 • 위험 요소가 있는 곳에서의 안전 지도
낮잠 준비	• 이 닦기, 손 씻기, 화장실 다녀오기 • 잠잘 곳을 정리한 후 매트 놓기 • 커튼 내리기 및 소등 • 조용한 음악 틀기
낮잠	• 잠이 깬 유아는 조용한 놀이 하도록 돕기 • 잠이 깨면 침구류 정리하기/화장실 다녀오기 및 세수하기 • 원아수첩 작성하기
오후 실내외 자유선택활동	• 오전 활동이 심화되도록 돕기
귀가	• 부모에게 특이사항 전달하기 • 교구, 차후 활동 준비 후 일지 제출

(2) 지도교사의 선정

보육실습 어린이집 원장은 실습생의 지도교사를 선정하여 배치하여야 한다. 보육실습 지도교사는 보육교사 1급 또는 유치원 정교사 1급 자격을 가진 자라야 한다. 지도교사는 보육경험이 풍부하고 교수 · 학습 방법이 우수하여 실습생의 영유아 보육과 지도활동을 이끌어 줄 수 있어야 하며, 교수활동에 대한 전문적인 지원뿐만 아니라 태도와 자질 면에서도 실습생의 모델이 될 수 있는 자이어야 한다. 또한 새로운 환경에 적응할 수 있고 새로운 일로 인한 스트레스를 조절할 수 있도록 정서적 지지를 제공하여 성공적인 실습을 수행하도록 지도할 수 있는 교사를 선정하여야 한다. 지도교사의 측면에서는 실습생을 지도함으로써 자신의 영유아 지도 및 교수 · 학습 방법의 발전을 가져올 수 있으면 더 바람직할 것이다.

(3) 실습 지도교사의 역할

실습 지도교사는 실습생에게 보육실제에 대한 좋은 모델을 보이고, 실습생의 실제 보육활동을 지도하는 역할을 한다. 그 외에도 실습생이 기관에 잘 적응하여 성공적으로 실습을 마칠 수 있도록 정서적 지원을 해야 한다. 구체적으로 실습의 단계별 지도 내용을 보면 다음과 같다.

실습의 단계별 지도 내용

- 실습 시작 전: 낯선 실습 기관에서 불안을 갖지 않도록 따뜻하게 맞이한다.
- 실습 초기: 실습의 전체 과정, 기관의 운영 방침, 기관의 규칙, 교직원 구성, 시설 및 설비, 영유아의 특성 등에 대하여 전반적인 오리엔테이션을 한다.
- 실습 중기: 교수활동에 대한 자료와 정보를 제공하고, 바람직한 모델을 보여주며, 실습의 어려움과 문제점 등을 함께 해결해 나간다.
- 실습 후기: 감사와 격려를 표하고 진로에 대하여 조언한다.

지도교사의 실습생에 대한 지원을 전문적 지원과 정서적 지원으로 구분하여 정리하면 다음과 같다.

① 전문적 지원

영유아의 보육계획, 실제 지도 및 평가에 대하여 시범을 보이고 실습의 수행에 대하여 조언해 준다. 구체적인 사항은 다음과 같다.

- 보육계획안 및 교구제작 계획안
- 일상 영역의 보육실제(수유, 이유식, 배변, 양치 등)
- 위생, 청결과 안전
- 영유아의 동기 유발 방법
- 효과적인 교수전략
- 효과적인 교재교구 및 그 사용법
- 영유아의 평가방법 및 기록
- 학급운영

② 정서적 지원

정서적 지원의 구체적 측면은 다음과 같다.

- 실습생의 장점을 발견, 칭찬
- 실습생과의 친밀하고 신뢰할 수 있는 관계 형성
- 실습생을 협력자로 존중
- 실습생의 이야기 경청
- 스트레스를 조절할 수 있는 방법을 제안하고 함께 실천

(4) 사전 교육

실습 기관에서는 실습 시작 첫날 사전 교육을 실시한다. 기관에서의 사전 교육은 대학에서 실시하는 교육보다 더 구체적이고 직접적이다. 사전 교육에서는 실습생을 전 교직원에게 소개하고, 기관의 시설과 설비를 실제 투어링을 하면서 안내한다. 실습 기관의 보육철학과 방침 및 보육 프로그램을 소개한다. 실습지도 계획을 실습생에게 설명하고 실습규정을 따르도록 안내한다.

2. 정규 보육실습

정규 보육실습은 보육교사 자격을 위한 필수 과정으로서 6주 동안 연속적으로 240시간 이상 인가받은 보육실습 기관에서 대학의 실습 담당교수와 현장의 지도교사의 지도 아래 보육교사로서의 제반 직무수행을 경험해 보는 과정이다. 정규 보육실습은 보통 참관실습, 참여실습, 지도실습의 3단계로 구분된다.

1) 참관실습

(1) 참관실습의 의미

참관실습은 실습생이 보육실습 기관의 여러 가지 사항과 보육실제를 전반적으로 관찰함으로써 실무에 대한 이해를 높이고, 영유아를 이해하며, 참여실습 및 지도실습에 대한 준비를 할 수 있게 한다. 일반적으로 정규 실습기간 중에서 처음 1~2주 동안 참관실습을 하게 된다. 그러나 이전의 사전 실습을 충분히 실시했을 경우에는 이 기간을 융통성 있게 조절하여 실습생이 영유아와의 놀이에 참여하여 직접 상호작용해 보는 참여실습을 병행할 수 있다. 참관실습기간 동안 담임을 맡은 반을 중점적으로 관찰하여, 그 학급의 영유아들의 특성을 파악하고 친해져야 하겠지만 담임을 맡지 않은 다양한 연령의 학급도 관찰함으로써 연령에 따른 발달적 차이와 보육 및 지도 방법의 차이도 파악하는 것이 바람직하다.

(2) 참관실습의 내용

먼저 보육실습 기관의 전반적인 사항을 파악하여야 한다. 즉, 건물의 구조, 시설 및 설비의 배치, 교직원 구조, 운영 실태에 대하여 관찰하고 파악해 둔다. 다음은 영유아에 대한 관찰로서 영유아의 개인적 특성 및 학습태도, 영유아 개인의 신체 · 인지 · 언어 · 사회성 및 정서 발달수준을 파악하고 학급 내 영유아들 간의 역학관계도 파악하며 교우도를 작성해 보는 것이 좋다.

관찰의 가장 중요한 부분으로서 지도교사에 의해 실시되는 보육과정의 계획과 준비, 내용, 진행 및 평가의 과정과 방법을 관찰하여야 한다. 이와 더불어 교사의 생활지도, 학급관리 등을 포함하는 학급운영과 환경구성에 대한 관찰도 빠뜨리지 말아야 한다(류진희, 2000). 이러한 여러 측면의 전반적인 관찰은 다음의 자신의 보육활동 계획과 실행의 밑거름이 된다.

참관실습 시 유의사항

- 다양한 상황에서 영유아 관찰을 실시한다.
- 일회적이 아닌 지속적인 관찰을 실시한다.
- 관찰 내용은 일정한 형식에 따라 일관성 있게 기록한다.
- 관찰자의 주관이나 편견이 개입되지 않도록 하며 실제 일어난 상황을 객관적으로 기록한다.
- 관찰된 행동에 기초한 해석이나 평가는 관찰 내용과 구분하여 기록한다.

2) 참여실습

(1) 참여실습의 의미

참여실습은 실습생이 지도교사의 보조교사로서 지도교사가 계획하고 진행하는 학급의 다양한 보육활동에 참여하는 것이다. 실습생은 적극적인 조력자로서 보육활동에 참여하여 보육활동 보조에서부터 환경구성에 이르기까지 다양한 역할을 경험하게 된다. 이는 다음 단계에서의 부분적인 보육활동의 실제 지도에 들어가기 위한 준비과정으로서 보육활동의 일부분을 몸소 겪으면서 가까이에서 관찰할 수 있다는 의미가 있다. 참여실습은 보통 실습 2주째에 주로 이루어지나 실습의 전 기간에 걸쳐 부분적으로 진행된다.

(2) 참여실습의 내용

참여실습은 보육교사로서의 역할을 제대로 수행하기 위해서 거쳐야 할 중요한 실습 형태다. 따라서 다음과 같은 내용이 포함되어야 한다(류진희, 2000 재구성).

먼저 지도교사의 보육활동 계획에 참여한다. 즉, 보육활동 계획안을 작성하고, 활동 자료 및 교재교구의 준비를 함께 의논한다. 다음으로는 보육활동 실제에 참여한다. 즉, 자유선택활동에 참여하여 영유아와 적절한 상호작용을 하고, 지도교사의 보육활동을 보조한다. 영유아에 대한 평가활동에 참여하는데, 지도교사와 함께 다양한 영역에서 영유아의 활동을 관찰하여 영유아에 대한 평가를 의논하고 참여한다. 또한 교실환경구성이나 학급의 사무처리 등 학급운영에도 참여할 수 있다.

한편 실습생이 영유아들의 활동에 참여할 때, 다음과 같은 경우에는 직접 활동에 개입하여야 한다(이소희, 2005).

활동에 직접 개입해야 할 경우

- 영유아에게 적절한 도움이 필요할 때
- 영유아가 시작한 활동을 끝마치지 않고 다른 활동으로 계속 돌아다닐 때
- 영유아가 한 가지 활동에 지나치게 몰입해 있거나 활동 선택을 하지 못하고 있을 때
- 다툼이 계속되어 영유아가 다치거나 물건이 파손될 가능성이 있을 때
- 영유아들의 신체적 위험을 예견했을 때
- 영유아가 친구를 필요로 하거나 기분전환이 필요할 때
- 놀잇감 · 자료 · 기구 등의 나누어 쓰기가 잘 안 될 때
- 영유아들이 일을 분담해서 하지 않거나 남의 일에 공연히 참견하여 불화가 생겼을 때
- 영유아들에게 선택할 활동을 환기시켜 줄 필요가 있을 때
- 교사가 자유선택활동 시간을 끝내야겠다고 판단했을 때

3) 지도실습

(1) 지도실습의 의미

지도실습은 실습의 마지막 과정으로 실습생이 지도교사의 지도하에 영유아의 보육활동을 직접 지도한다. 실습생이 관찰 및 참여실습에서 습득한 보육활동에 대한 이해를 바탕으로 주교사로서 보육활동을 계획하고, 이에 따라 수행하며, 지도교사와 현장 전문가, 교수들과 함께 보육활동에 대한 평가를 한다. 실제 보육활동 외에도 학급경영이나 문서작성, 평가활동과 교사협의회의 참여 등 교사의 직무를 경험하는 실무실습도 병행한다.

실습생에게 지도실습이 갖는 의미(윤애희 외, 2004)

- 보육교사로서의 자세와 태도를 실제적으로 경험한다.
- 보육활동을 실제 계획하고 수행해 보며 평가 · 반성해 본다.
- 학급 사무처리 및 환경구성에 효율적으로 대처하고 처리하는 능력을 익힌다.
- 교사로서 연구 자세와 현직 연수방법 및 내용 등을 배우고, 교사 후보생으로서의 연구 · 학습 의욕을 높인다.

(2) 지도실습의 내용

지도실습에서 실습생은 대체로 단위 보육활동, 연계 보육활동, 전이활동, 반일/종일 보육활동 등을 실시해 본다.

① 단위 보육활동

단위 보육활동은 교사가 계획한 하루일과 중에서 한 가지 부분적인 활동을 실습생이 직접 계획하고 준비하여 수행해 보는 과정이다. 동화, 노래, 조형, 동시, 게임, 이야기 나누기, 동극, 신체활동 등 여러 가지 활동을 다양하게 경험해 보는 것이 좋다.

단위 보육활동을 성공적으로 하려면 실습생들은 각 단위활동에 대한 활동 계획안을 미리 작성하여 지도교사의 검토를 받아야 한다. 활동 계획안은 각 활동의 목표, 생활주제와의 관련성, 보육과정 관련 요소 등을 포함하여야 한다. 또한 활동방법을 도입, 전개, 마무리 과정으로 구체적으로 기술하여야 한다. 이 계획을 바탕으로 보육활동에 필요한 자료를 준비 · 제작한다. 지도교사는 실습생이 미처 생각하지 못했던 미비한 점을 보완하고, 수정하도록 도와주며, 교수 · 학습 방법에 대해 연구하는 태도를 갖도록 한다.

② 연계 보육활동

연계 보육활동은 단위 보육활동을 골고루 경험한 실습생이 종일보육활동을 실습하기 전에 교사가 계획한 하루일과 중에서 연결되는 두 가지 이상의 활동을 계속해서 지도하는 것이다.

연계 보육활동을 성공적으로 진행하려면 하루일과에 대한 전반적인 이해, 특히 다른 활동으로의 확장이나 전이 및 주의집중에 대한 계획이 구체적으로 마련되었을 때 효과적이다. 실습생이 한 명일 경우 하루일과 중에서 연결되는 두 가지 이상의 활동을 계속해서 지도할 수 있고, 실습생이 두 명 이상일 경우에는 연계 보육활동 과정을 수행해 본 학급의 실습생들이 하루일과를 전체적으로 계획하여 운영해 볼 수도 있다(임채식 외, 2003).

③ 전이활동

한 활동에서 다른 활동으로 이동할 때에 활동 간의 이동을 매끄럽게 운영하고 영유아의 주의를 현재 하고 있던 활동으로부터 새로운 활동으로 이동시키기 위하여 교사가 간단한 활동을 하는데, 이러한 활동을 전이활동이라고 한다. 혹은 전이활동은 일과운영 중 영유아가 줄을 서거나 다른 활동을 위하여 기다리는 시간에 간단하게 활용하기도 한다.

전이활동은 활동과 활동 사이의 마무리와 연결에 활용하여 매끄럽고 원활하게 다음 활동을 할 수 있게 도와주는 역할을 한다. 즉, 자유선택활동 혹은 자유놀이와 대·소집단 활동, 실내 활동과 실외 활동 등 앞서 하고 있던 활동을 마무리하고 다음 활동으로 연결할 때 사용된다. 예를 들면, 자유선택활동을 끝내고 이야기 나누기를 하기 위해 대그룹으로 모이는 경우 교사는 "이제 정리정돈을 해야 하는 시간이다."라고 말하여 자유선택활동을 마무리 짓게 하고, 피아노를 치며 영유아들과 약속된 노래를 부르며, 대그룹 활동을 하기 위해 모여 앉는다. 또한 영유아가 일과운영 중 기다리는 시간 즉, 영유아가 외투를 벗고 입는 시간, 화장실 가기, 간식이나 급식을 위해 줄서기, 손씻기 및 통학차량을 위해 줄서기와 같이 학급의 전체 영유아가 동시에 진행해야 하는 경우 기다리는 시간으로 인해 지루해하지 않도록 다양한 활동을 진행한다.

전이활동에는 주로 노래 부르기, 수수께끼, 짧은 동시 외우기, 손유희, 약속된 신호(다음 활동을 의미하는 그림이나 사진, 언어) 등이 활용된다. 또는 이전 시간에 실시된 활동으로부터 간단히 활용될 수 있는 활동을 응용하여 할 수도 있다. 어린 영아들인 경우 대집단 활동이 별도로 없고 전이활동만이 유일한 대집단으로 하는 활동일 수 있다. 따라서 새로운 개념을 소개하거나 교육적 의도를 가진 활동을 전이활동을 통하여 실시하기도 한다. 예를 들어, 자유선택활동 영역으로 가기 전에 교통 기관에 대하여 소개하거나, 내일 방문할 동물원에 대하여 이야기하고, 혹은 실내 자유놀이를 마치고 바깥놀이를 나가기 전에 영아들이 좋아하는 동화책을 읽어주기도 한다.

④ 반일/종일 보육

반일/종일 보육은 실습생이 주교사가 되어 하루일과의 전 과정 혹은 반일의 과정을 계획하고 수행해 보는 기회다. 종일보육은 등원에서부터 시작하여 일상 영역의 보육, 자유선택활동, 대・소집단 활동 등의 모든 활동과 영유아의 급・간식 및 생활지도를 포함하며, 하원지도까지 모든 일을 관할해야 한다. 또한 실습생이 보육과 관련된 모든 활동 자료와 환경구성 및 교재교구도 직접 준비하여 하루일과를 수행하여야 한다. 실습생은 종일보육에서 지도교사의 조언과 지도를 받아 실제 교사의 역할을 모두 경험해 본다.

3. 보육실습 평가

1) 보육실습 평가의 의미와 목적

보육실습의 평가란 실습생이 보육실습을 제대로 잘 수행했는지를 보기 위하여 실습의 전 과정을 객관적이고 과학적으로 점검하는 과정이다. 이러한 평가활동을 통해 실습생들은 보육교사 양성과정에서 습득한 지식, 기술, 태도를 현장에 적합하게 적용하였는지에 관한 전문적 자질과 성취도를 파악할 수 있으며, 지도교수나 지도교사는 다음 실습을 보다 효율적이고 성공적으로 수행할 수 있도록 개선방안을 모색할 수 있다. 따라서 보육실습에 대한 평가는 실습생 자신에게는 물론, 보육실습을 담당하는 대학의 교수 및 실습 기관 측면에서 볼 때에도 매우 중요한 의미를 지닌다.

보육실습의 평가는 보육실습을 보다 효과적으로 수행할 수 있도록 개선의 방법을 찾을 수 있게 하며, 실습생이 자기 이해나 성취 파악을 통해 보육교사로서의 성장 및 진로를 설정하는 데 도움을 준다. 보육실습 평가의 의의는 다음과 같다(한국보육진흥원, 2010).

보육실습 평가의 의의

- 보육실습의 목표 달성 여부를 확인한다.
- 보육실습생의 보육실습 성취도를 확인한다.
- 보육실습생에게 보육교사로서의 적성을 확인하는 데 도움을 준다.
- 보육실습생에게 발달과 반성의 기회를 제공한다.
- 보육실습생 역할 수행에 대한 긍정적인 평가로 보육실습생에게 보육교사가 되고자 하는 의지를 높여 줄 수 있다.

- 보육실습 결과를 확인하고 개선에 필요한 시사점을 파악한다.
- 국가자격증 부여의 조건인 학과목 이수 인정의 근거자료가 된다.

2) 보육실습 평가의 내용 및 방법

일반적으로 보육실습에 대한 평가는 실습 운영과정 전반에 대한 종합평가와 실습생 개개인에 대한 평가로 구분된다.

(1) 보육실습과정 종합평가

정규 실습과정이 끝난 후 실습생들은 대학이나 양성교육 기관에 돌아와 실습을 마친 실습생들과 담당교수, 어린이집 원장, 지도교사와 함께 평가협의회와 같은 형식을 통하여 보육실습에 대한 종합적인 평가를 한다. 보육실습의 종합평가를 통해 보육실습의 목표, 내용, 방법, 평가 등 일련의 보육실습과정에 대한 종합적 검토와 다양한 보육실습을 경험한 실습생들의 실습 경험을 공유하여 현장을 이해한다. 보육실습의 평가 내용은 〈표 2-5〉와 같다(김두범 외, 2004).

〈표 2-5〉 보육실습 평가 내용

항목	내용
보육실습 계획 및 준비	• 대학과 보육실습 기관 측의 준비와 계획은 적절하였는가?
보육실습의 목표	• 보육실습의 목표가 적절하고 구체적인가?
보육실습의 내용	• 보육실습의 내용이 보육교사 양성의 내용을 적절하게 담고 있는가? • 보육실습 내용이 효율적으로 계획되었는가?
보육실습의 운영	• 보육실습을 운영함에 있어서 효율적이었는가? • 보육실습을 하기에 적합한 여건이었는가? • 보육실습을 위해서 대학과 보육실습 기관 간의 협조가 원활하였는가?

보육실습 지도	• 지도교수의 지도가 적절하였는가? • 실습 기관 원장의 관리가 적절하였는가? • 지도교사가 적절한 지도를 하였는가?
보육실습 평가	• 보육실습 평가가 객관성과 타당도가 있는가? • 보육실습 평가 이후의 보육실습을 보완하고 보충하는 데 활용도가 있는가?
보육실습 도구, 교재교구	• 보육실습에서 사용한 실습도구와 교재교구가 활용도가 있는가?

최종적으로 실시하게 되는 평가협의회에서는 참여자 각자의 입장에서 실습의 계획과 실시 과정을 검토하고 문제점을 파악하여 개선방안을 모색하는 것이 바람직하다.

무엇보다도 중요한 것은 평가를 통해서 얻어진 자료가 다음의 실습활동을 개선하는 데 구체적인 자료로 활용되어야 한다는 것이다. 보육실습과정에 대한 종합평가를 할 때 고려해야 할 사항은 다음과 같다.

종합평가 시 유의사항

- 대학 측의 주도로 어린이집 측, 특히 담당 지도교사와 긴밀한 협조체제를 이루어 수시로 협의하고 평가함으로써 실습지도 방법 개선을 위한 자료를 수집한다.
- 실습기간 중에도 구체적이고 실질적인 문제점을 파악해, 실습이 끝난 후에는 대학 측과 어린이집 측, 실습생이 함께 참여하는 평가협의회를 실시해 개선방안을 모색한다.
- 부분적이고 단계적으로 실습을 평가함은 물론 전체적 · 종합적으로 보육실습을 평가해야 한다.
- 실습 후 실습생의 소감, 건의사항 등을 주의 깊게 청취 · 활용한다.
- 평가에 참여하는 평가자는 객관적인 입장으로 임해야 한다.

(2) 보육실습생 평가

보육실습생에 대한 평가는 보육실습 기관 측의 평가, 대학 측의 평가 및 보육실습생의 자기평가로 이루어진다.

① 보육실습 기관 측의 평가

보육실습 기관에서는 자신의 기관에 배정된 보육실습생의 실습과정을 철저히 지도 · 감독하고, 원장 및 지도교사와의 협의를 통해 보육실습에 대해 전반적인 평가를 한다. 평가의 영역과 항목에 따른 배점표는 〈표 2-6〉과 같다. 보육실습 기관은 이 기준에 근거하여 공정성과 형평성, 객관성을 유지하면서 엄정하게 평가해야 하며, 보육실습생이 제출한 객관적인 자료와 실습의 수행정도에 기초하여 신뢰도 있고 타당한 평가가 되도록 해야 한다.

보육실습 기관에서는 실습생의 보육실습 전 과정을 철저히 지도 및 관리, 감독하고 보육실습생 평가와 관련된 서류를 보육통합정보시스템을 통하여 평가내용을 입력 후 출력하여 대학에 송부하여야 한다.

보육실습 기관에서 평가 시 유의사항

- 다양한 증거 자료에 근거하여 평가한다. 즉, 실습생에 대한 관찰 자료, 각종 기록물, 실습생의 산출물 등의 근거자료를 확보하여 타당성 있게 평가해야 한다.
- 평가 이전에 평가의 규준을 명확히 세운 다음 평가한다.
- 감정에 치우치지 않도록 한다.
- 실습 시작부터 끝까지 지속적인 평가가 누가적으로 이루어지도록 한다.
- 실습생 자신의 평가, 실습생들 간의 상호 평가를 활용하는 것도 바람직하다.
- 실습 결과 보고서를 정확하게 작성하고 근거자료를 보관한다.

〈표 2-6〉 **보육실습 평가표**

보육실습 평가표

성　　명:
주민등록번호:
보육실습기관명:
보육실습기간: 20　　년　　월　　일 ~ 20　　년　　월　　일

평가 영역(배점)	평가 항목		배점	점수
근무태도와 자질 (20점)	근무사항	출석, 결석, 지각, 조퇴 등	5	
	태도	성실성, 근면성, 친절, 적극성, 복장 및 용모, 예절	5	
	자질	영유아 존중, 책임감, 인성, 열의	5	
	관계형성	실습지도교사와의 관계, 동료실습생과의 관계	5	
보육활동 계획과 실행 (30점)	보육활동 계획	영역별, 반일(일일) 보육활동 계획의 적절성과 충실한 준비	15	
	보육활동 실행	영역별, 반일(일일) 보육활동 효과적이고 적절한 실행 정도	15	
예비보육 교사로서 역할 수행 (30점)	영유아행동 및 놀이 관찰, 보육환경 관찰		5	
	보육일과 진행 보조와 일상생활지도		10	
	영유아 상호작용과 놀이 참여		15	
보육실습 일지 작성 (10점)	구체적이고 충실한 보육실습일지 작성과 일일자기평가 및 지도교사 평가반영		10	
총평(10점)	실습기간동안 예비보육교사로서 향상정도		10	
총 점			100	

20　　년　　월　　일

보육실습 지도교사:　　　　　(인)
어린이집 원장:　　　　　(인)

② 대학 측의 평가

대학에서는 실습생의 실습 결과에 대해 최종적인 평가를 하게 된다. 대학의 실습 지도교수는 실습이 끝난 후에 실습 어린이집에서 작성한 실습 결과 보고서와 보육실습일지, 실습생들이 제출한 각종 과제물 자료, 보육실습생의 자기평가 그리고 실습생에 대한 지도교사의 평가・기록 자료에 근거하여 최종적인 평가를 실시한다.

대학에서도 실습 어린이집 측의 실습생 평가기준을 동일하게 사용할 수 있다. 이외에도 실습 지도교수는 실습과목을 실시하는 과정에서 다양한 평가기준과 도구를 활용하여 보육실습생에 대한 종합적인 평가를 실시하게 된다.

③ 보육실습생의 자기평가

보육실습생의 자기평가는 자신의 보육실습과정과 결과를 통해 실습을 어느 정도 성공적으로 수행하였는지를 스스로 객관적으로 평가하여 보육교사에게 요구되는 태도, 자질, 능력 측면에서 스스로를 이해하고 파악하기 위하여 필요하다. 보육실습의 자기평가는 자기반성의 시간일 뿐 아니라 더 나은 보육교사 생활을 설계하기 위한 과정이다.

보육실습생 자기평가 시 유의사항

- 보육실습생은 제반 보육활동 계획에 대하여 스스로 평가하여야 한다.
- 보육실습생은 영유아들을 직접 지도한 보육활동 결과를 평가하여 자신의 지도법을 발전시켜야 한다.
- 다른 보육실습생의 보육활동 실습장면을 관찰하고 보육실습생 서로가 평가하는 시간을 가져야 한다.
- 보육실습 시 잘못된 점은 스스로 인정하고 수정하고자 하는 마음 자세를 가져야 한다.

보육실습생은 〈표 2-7〉의 평가 영역과 항목으로 자기 자신을 평가해 볼 수 있다.

〈표 2-7〉 보육실습생의 자기평가표

보육실습생의 자기평가표						
	보육실습생:					
평가요령	1-아주 못함 2-못함 3-보통 4-잘함 5-아주 잘함					
평가 영역	평가항목	척도				
		1	2	3	4	5
근무태도	근무시간을 잘 지켰는가?					
	보육실습일지, 보육활동 계획안, 과제 등을 기간 내에 제출하였는가?					
보육교사로서의 일반 자질	보육교사에 대한 긍정적인 신념을 지니고 있었는가?					
	영유아에 대해 민감하고 존중하는 태도를 지녔는가?					
	용모, 복장이 단정하고 언행이 바람직했는가?					
보육활동 지도능력	보육활동 지도 내용에 대해 이해를 잘 하고 있었는가?					
	준비성이 있었고 계획을 잘 하였는가?					
	영유아 중심적이고 자율적 분위기에서 활동을 진행하였는가?					
	영유아가 스스로 탐색하고 호기심을 발휘하도록 동기 유발을 적절히 하였는가?					
	영유아의 기본생활습관이 향상되도록 적절한 상황에서 영유아의 수준에 맞는 지도를 하였는가?					
	활동자료 제시가 적절하고 융통적이었는가?					
	영유아와의 상호작용은 질적으로 우수하고 효과적이었는가?					
	보육실에서의 행동이나 활동 진행, 놀이참여가 적극적이고 융통적이었는가?					
	영유아를 지도함에 있어 자신 있게 임하였는가?					
	영유아의 활동에 대한 관찰이나 평가가 적절하였는가?					
연구조사 활동	관찰활동과 활동 계획에 대한 연구를 충실히 하였는가?					
	보육교사의 역할과 직무에 대한 제반사항을 스스로 알려고 노력하였는가?					
	알고 있는 이론을 적절히 보육현장에 적용한 후, 이를 다시 이론적으로 검토하고자 애를 썼는가?					
학급경영 및 사무처리 능력	보육실을 합리적으로 운영하고자 하는 노력을 다하였는가?					
	보육실습 지도교사의 제반 지시 및 사무처리 사항을 기간 내에 성실히 수행하였는가?					
전체 평가						

출처: 한국보육진흥원(2010).

Chapter 03

보육실습의 내용

1. 영유아 관찰
2. 영유아와의 놀이 및 활동지도
3. 영유아 생활지도
4. 연령별 일과운영
5. 보육환경의 구성

1. 영유아 관찰

실습은 영유아의 행동과 하루일과 등에 대한 관찰로 시작된다. 실습에서의 첫 단계인 관찰이 전체 실습의 성패를 결정하는 중요한 단계다. 따라서 세밀히 관찰하고 객관적으로 분석하는 능력이 필요하다. 관찰은 일상생활 속에서 진행되는 자연스러운 행동을 연구하는 데 가장 적합한 방법이다. 관찰을 함으로써 실습생이 어떤 도움을 받을 수 있는지를 구체적으로 살펴보면 다음과 같다(이정환, 박은혜, 2010).

관찰의 이점

- 관찰을 함으로써 영유아가 각 발달 영역에서 어느 정도 발달하고 있는지를 알 수 있다.
- 자연스러운 상황 속에서 여러 번에 걸쳐 행해진 관찰은 영유아의 독특한 개성과 잠재력을 발견하는 데 도움을 준다. 즉, 관찰에서 얻어진 자료를 통하여 각 영유아의 장점과 단점을 파악할 수 있고, 그에 따라 장점을 계속 키워 주고 단점을 보완하며, 영유아의 능력에 맞는 기대를 하게 된다.

- 영유아가 가지고 있는 문제점이 무엇인지 분석하고 진단해 볼 수 있는 기회가 되며, 영유아의 흥미, 특성, 요구를 이해할 수 있다.
- 관찰에서 얻어진 자료는 실습생이 환경을 구성하고, 교수방법을 선택하고, 평가하는 모든 교육활동의 기초가 된다.
- 관찰은 실습생이 자신의 수업을 평가해 보는 기초를 제공해 줄 수 있다.
- 관찰에서 얻어진 모든 자료들은 학부모와의 정기적인 면담에서 중요한 자료가 된다.
- 영유아의 성장기록은 프로그램의 효과를 나타내 주는 중요한 증거 자료가 된다.

관찰을 통해 얻은 자료는 영유아를 전인적인 관점에서 볼 수 있게 해 준다. 영유아는 자신의 이해나 생각을 언어적으로 제대로 표현할 수 없기 때문에 영유아의 발달수준을 이해하고 평가하기 위해서는 그들의 행동을 관찰하는 것이 가장 정확하다. 또한 영유아는 남들이 자신을 관찰하는 것을 별로 의식하지 않고 활동에 몰입하기 때문에 있는 그대로의 모습을 관찰할 수 있다. 따라서 관찰을 통해 실습생은 영유아의 행동과 발달수준을 보다 정확히 파악하여 영유아의 발달에 적합한 보육과정을 계획할 수 있다. 영유아의 수준을 정확히 파악하여야 그들에게 맞는 어휘를 사용하여 적절하게 상호작용할 수 있다. 관찰을 통해 영유아에 대한 좋은 평가자료를 얻기 위해서 관찰자는 다음과 같은 점에 주의해야 한다.

영유아 관찰 시 주의사항

- 다양한 상황에서 영유아를 관찰할 수 있도록 적절한 시간과 장소를 결정해야 한다.
- 관찰 내용은 일정한 형식에 따라 일관성 있게 기록해야 한다. 또 관찰된 내용을 기록할 때에는, 실제로 관찰한 것과 관찰자의 해석을 분명히 구분해야 한다.

- 영유아의 행동이 일어났을 때 기록할 수 있도록 항상 준비한다.
- 관찰을 할 때 관찰자는 추측을 해서는 안 된다. 오직 실제로 일어난 상황만을 그대로 기록으로 옮겨야 한다.
- 영유아나 교사의 주변 요소, 즉 후광효과(halo effect)에 의해 그들의 행동을 미리 판단하거나 선입견을 가지고 관찰해서는 안 되며, 영유아나 교사에 대한 자신의 느낌이나 태도에서 편견이 없도록 유의한다.
- 영아의 경우, 학습 영역을 중심으로 집중하여 활동하기가 어려우므로 발달 영역을 중심으로 관찰 내용을 기록한다.
- 유아의 경우, 학습 영역을 중심으로 활동이 이루어지므로 학습 영역을 중심으로 관찰 내용을 기록한다.

발달 영역과 흥미 영역별로 관찰기록한 작성의 예시는 〈표 3-1〉〈표 3-2〉와 같다.

〈표 3-1〉 관찰기록 작성의 예시(만 1세)

관찰자 : ________ 생년월일 : ________ 이름 : ○○○(남, 여)

신체발달	사회정서발달	언어발달	인지발달	기본생활습관
4/10 큰 오뚜기를 두 팔로 밀어 쓰러뜨리기를 반복한다.	4/22 소리 나는 경찰차를 친구가 가지고 노는 것을 보고 친구 곁에 가서 자동차의 버튼을 누르다가 자동차를 빼앗으려 한다. 교사가 중재를 하자 친구에게 준다.	4/10 책을 넘겨 보다가 자동차가 나오자 교사에게 책을 가지고 달려와서 “빠방”을 반복하며 손가락으로 가리킨다.	4/22 케이크 모형을 탁자로 가져와 케이크 조각 사이를 칼로 자른 후 케이크 조각을 떼어 주위에 있는 친구들에게 준다.	4/10 낮잠 시간이 되면 집에서 가지고 온 인형을 만지며 잠이 든다(인형 없이 잠들기 힘듦). 작업활동 때 사용하던 뽕뽕이를 바구니에 담는다.

〈표 3-2〉 관찰기록 작성의 예시(만 4세)

관찰자 : ________ 생년월일 : ________ 이름 : ○ ○ ○(남, 여)

미술 영역	언어 영역	쌓기놀이 영역	역할놀이 영역	음률 영역	수/과학 영역	대 · 소집단 활동	실외 놀이/기본생활 습관
4/8 카네이션 접기-교사의 도움 없이 카네이션 접기 순서를 보고 접을 수 있다.	4/8 바르게 앉아서 책을 읽지 않는다. 책을 옆으로 기울여 읽는다.	4/19 세우는 사람을 이용하여 혼자서 극놀이를 한다.	4/19 냄비에 우동면을 넣고 끓임. 완성된 요리는 접시와 그릇에 담아 포크, 수저와 함께 교사에게 준다.	4/8 〈깊은 숲〉 테이프를 듣고 악보를 보며 노래를 따라 부른다. 2~3번 따라 부른 후 정확하게 부르며 악기를 연주하며 노래를 부른다.	4/19 하연이와 함께 규칙에 대해 이야기를 나눈 후 '버섯 게임'을 한다. 게임의 규칙을 바르게 이해하고 따른다.	4/8 이야기 나누기-자신이 관심 있는 이야기가 나오면 주위 친구에게 말을 걸고 방해한다. 교사가 주의를 주면 못 들은 척한다.	4/19 친구에게 소리 지르며 이야기한다. 5/6 친구의 머리를 툭툭 치며 이야기한다.

관찰은 그 절차에 있어서 대체로 세 단계의 과정을 거친다. 첫 단계는 관찰한 것을 기록하는 단계다. 기록은 관찰자 앞에서 일어나고 있는 장면을 가능한 한 자세하고 객관적으로 적는 것이다. 두 번째 단계는 추론인데 추론은 눈앞에 보이는 것을 넘어서서 행동의 원인, 그 행동을 할 때의 감정 등을 추측해 보는 것이다. 세 번째 단계는 평가로서 평가는 어떤 행동이 바람직한가 혹은 바람직하지 않은가, 긍정적인가 아니면 부정적인가, 정상적인 발달을 하고 있는가 아니면 발달이 뒤져 있는가를 판단하는 것이다. 기록, 추론, 평가의 측면을 포함하는 관찰 예는 〈표 3-3〉과 같다(이정환, 박은혜, 2010).

〈표 3-3〉 **기록—추론—평가의 관찰기록 예시**

기록 수진이가 칠판에 분필로 그림을 그리고 있다. 수진이는 동그라미를 그리며 그 옆에 있던 민수에게 "민수야 내가 그린 과자를 좀 봐."한다. 민수는 "내가 그 과자를 먹어야지."하며 칠판으로 다가가 손으로 수진이가 그린 그림을 지워 버린다. 수진이는 민수에게로 달려와서 밀쳐 버린다. 이때 수진이가 들고 있던 분필이 바닥에 떨어지며 여러 조각으로 갈라진다. 이를 본 수진이는 교사에게 달려가 "선생님, 민수가 내 분필을 부러뜨렸어요."한다.
추론 수진이는 자기가 동그라미를 잘 그릴 수 있다는 것이 기뻤고 민수에게 자랑을 하고 싶었다. 반면, 민수는 수진이가 그린 그림보다는 수진이와의 상호작용에 더 관심이 있었고 그 방법의 일환으로 그림을 지웠다. 민수의 이 행동이 수진이를 화나게 하였고 공격적인 행동을 보이게까지 하였다. 분필이 부러졌을 때 수진이는 자신이 한 행동을 받아들이지 않고 민수에게 책임전가를 하였다.
평가 수진이나 민수 모두 그들 나이에 적합한 행동을 보이지 못하였다. 수진이는 화가 났을 때 민수를 밀치는 대신, 말로 하는 방법과 자신이 한 일은 그 결과가 나쁘더라도 받아들일 줄 아는 태도를 배울 수 있어야 한다. 민수 역시 다른 사람이 열심히 그린 것을 지워 버리는 것이 자기가 원하는 긍정적인 반응을 가져오지 않는다는 것을 배워야 한다. 친구들이 자기의 그림을 보라고 했을 때 어떻게 반응을 하면 되는지를 배울 수 있는 기회를 준다.

추론 및 평가는 객관적인 관찰기록에서 얻어지는 2차적인 자료다. 다시 말해서 객관적인 관찰 및 기록이 이루어진 뒤 그 다음 단계에서 행해지는 것이 추론이다. 따라서 관찰을 하면서 이 세 가지 과정은 분명히 구분되어야 하고, 특히 실제로 어떤 행동에 대한 객관적인 기술 없이 이루어진 추론이나 평가는 그 타당성을 인정받을 수 없다.

어린이집의 하루일과 중에서 영유아의 행동에 대한 관찰을 기록하는 방법에는 일화기록, 평정척도, 행동목록 등 여러 가지가 있다. 이 중에서 실습생이 사용하기에 적합한 방법은 일화기록이다. 평정척도나 행동목록 등의 경우, 실습생은 하루일과 중에서 보조교사의 역할도 수행하여야 하기에 이러한 척도를 이용하기에는 어려움이 있다.

일화기록이란 한 토막의 내용에 해당되는 사건이나 행동에 대한 전반적인 기록이다. 교실 내에서 눈에 띄는 행동이나 사건이 생길 때, 사실의 순서대로 기록하는 방법이다. 이때에는 그 현장에 없었던 사람이 읽어 보아도 그 사건이나 상황을 확실히 알 수 있도록 주변 상황과 주요 인물의 말 등을 사실적으로 기록해야 한다. 그러나 바쁜 하루의 일과 중 모든 상황을 그 즉시 기록으로 남긴다는 것은 불가능하므로 사건, 말의 요지, 주변 상황, 주요 단어 등을 중심으로 약식으로 기록해 두었다가 일과가 끝난 후 바로 상황을 기록하는 것이 좋다. 일화기록에 의한 영유아의 관찰은 다음과 같이 실시할 수 있다. 다음은 표준보육실습 지도지침에서 제공한 일화기록의 지침이다(한국보육진흥원, 2010).

일화기록 시 관찰지침

- 매일 한 명의 집중관찰 대상 영유아를 선정한다.
- 일과 시간대별로 관찰한다.
- 발달 영역, 표준보육과정의 영역, 또는 흥미 영역 중심으로 관찰한다.
- 관찰을 통해 영유아의 개인적 흥미, 또래관계, 놀이행동 특성 등을 파악한다.
- 언제든 관찰기록이 가능하도록 작은 메모지와 필기구를 소지한다.
- 일과 중에는 자세한 일화기록이 어려우므로 중요사항 중심으로 약식 기록하고 하루일과 종료 후 약식 기록 내용에 기초해서 구체적으로 작성한다.

〈표 3-4〉는 일화기록에 의한 영유아 관찰 예시다. 예시에서 볼 수 있는 바와 같이 관찰한 내용의 사실적인 기록과 이에 대한 관찰자의 추론 및 평가를 구분하여 기록한다.

〈표 3-4〉 일화기록 예시

관찰 유아	김○○(만3세)	성별	남	관찰일	2009. 3. 8.
관찰자	○○○	관찰시간	오전 9:30 ~ 9:35 (5분)		
표준보육과정 영역	사회관계				
관찰장면	보육실의 쌓기 영역에서 자동찻길 구성				
기록	쌓기 영역에서 우레탄 블록을 수평으로 놓은 후 찻길을 만들었다고 하며 큰 자동차를 굴린다. "나는 소방차가 좋아!"라고 하며 소방차가 출동하는 곳을 만든다. 울타리가 있는 공간을 구성하여 그 안에 소방차를 넣어 둔다. 친구들이 한 명, 두 명 자동차를 가지고 온다. 친구가 가지고 오는 자동차마다 "그거 좋다. 그거 이리 줘 봐."라고 한다. ○○에게 필요 없는 자동차는 양보할 수 있도록 교사가 이야기를 하여도 "아니요, 난 이게 다 필요해요."라고 한다. 쌓기 영역에서 계속 자동차를 길 위에 굴리다가 다른 자동차를 주지 않으려 하는 친구와 실랑이가 일어나자 과학 영역으로 가서 자석구슬 놀이를 한다.				
추론 및 평가	좋아하는 놀잇감(자동차)에 대한 흥미가 강하다. 아직 또래 친구들과 좋아하는 놀잇감에 대한 공유가 되지 않고 혼자 다 가지고 싶어 한다. 놀잇감의 흥미를 좀 더 다양하게 넓히도록 유도하고, 친구와의 놀잇감 공유의 필요성에 대해 꾸준히 지도하는 것이 필요하다.				

만약 실습생이 하루의 일과를 기록하고자 한다면, 먼저 그날 일과 계획을 교사에게서 얻어서 사용하는 것이 도움이 된다. 즉, 보육계획안을 기반으로 그날 활동에서 일어났던 일들을 자세히 기록하는 것이 좋다. 대부분의 경우, 활동 중에는 일화기록을 하기 어려운 것이 많다. 따라서 하루의 일과가 끝난 후, 그 하루를 정리하면서 자세히 기억나는 것을 반추해 보는 것이 적절하다. 이러한 기억을 통하여 하루일과의 운영에 대해 자세히 분석해 볼 수 있으며 교사와 영유아 간의 상호작용이나 교사의 역할에 대해 확인해 볼 수 있다.

2. 영유아와의 놀이 및 활동지도

각 연령별 자유선택활동과 대 · 소집단 활동, 바깥놀이 활동은 연간 계획안, 월간 계획안, 주간 계획안, 일일 계획안을 바탕으로 이루어진다.

1) 자유놀이/자유선택활동

3세 미만의 영아반에는 자유놀이, 3세부터는 자유선택활동을 할 수 있도록 교사가 미리 준비하고, 영유아들과 상호작용하면서 그들의 활동을 지원한다. 자유놀이 및 자유선택활동은 교육적으로 매우 중요한 의미를 갖는다. 즉, 자유선택활동은 영유아가 자신의 속도에 맞게 활동을 선택함으로써 진실로 개념을 이해할 수 있는 기회가 되며, 나아가서 이미 배운 내용을 마음껏 심화 · 응용해 볼 수 있는 기회가 된다. 이 시간은 교사와 영유아 간의 적극적인 상호작용을 통하여 영유아의 성장 · 발달을 지원할 수 있는 중요한 시간이다. 이때에 영유아는 놀이 중심의 자유선택활동을 통해 영유아와 영유아, 영유아와 교사, 영유아와 교구 간의 상호작용을 경험하게 되고 이를 통하여 삶에 대한 새로운 학습을 하게 된다.

어린 영아는 대 · 소집단 활동이 거의 없고 실내외 자유놀이가 그날의 주된 보육활동이다. 영아는 자유놀이 시간에 자료가 풍요하게 갖추어진 환경에서 자유롭게 탐색할 기회를 가지고, 이러한 탐색을 통하여 인지적 · 사회정서적 · 신체적 발달을 증진시킨다. 교사는 영아의 발달수준에 적합한 자료를 충분히 준비하고, 잘 정리된 환경을 구성하여 영아에게 탐색의 기회를 충분히 주도록 한다. 영아가 선택한 놀잇감과 놀이방법을 최대한 인정하며, 영아의 놀이에 함께 참여한다. 교사는 관찰을 통해 영아의 놀이 수준을 항상 파악하고, 영아의 관심을 활용하여 보다 다양하고 심화된 놀이로 확장되도록 지원한다. 익숙한 경험에서 출발한 놀이가 서로 연결되어 통합적 접근의 놀이로 확장될 수 있도록 하는 것이 질 높은 보육을 실천하는 교사상이다. 또한 놀이를 격려하고 촉진하기 위해서 주의해야 할 사항은 영아가 놀이의 주도권을 가지고 놀이를 할 수 있도록 교사가 보조하고, 일방적인 상호작용보다는 영아의 반응을 수용하고 확장하는 양방향적 상호작용이 되도록 해야 한다는 점이다. 영아반 자유놀이의 영역 구성은 연령에 따라 다르며, 연령이 어릴수록 환경구성이 통합되며, 연령이 높아질수록 영역 구성이 세분화되어 간다.

영아의 자유놀이 지도방법 및 유의사항

- 신체 · 움직임, 감각 · 탐색, 창의적 표현, 역할 · 쌓기, 언어의 놀이활동이 하루일과 중에 골고루 이루어지도록 한다.
- 개별적인 놀이를 할 수 있도록 계획하고 활동에 능동적으로 참여할 수 있도록 준비해 준다.
- 동일한 놀잇감을 여러 개 구비해 놓고 월령에 따른 적합한 활동을 준비하여 일대일로 상호작용할 수 있도록 한다.
- 교사는 늘 관찰하여 놀이를 잘할 수 있도록 격려해 주고, 놀잇감이 영아의 움직임에 방해가 되지 않도록 해야 한다.

유아들에게 자유선택활동 시간은 다양한 흥미 영역으로 준비된 교육환경 속에서 유아가 스스로 선택한 활동을 함으로써 자발적으로 학습하고, 유아와 유아, 유아와 교사, 유아와 교구 간의 상호작용을 통해 의미 있는 상호작용의 경험을 가질 수 있으므로 유아의 전인적 발달에 매우 중요한 시간이다. 이 시간에는 유아 스스로 구체적인 사물을 직접 다루기 때문에 효율적인 학습이 이루어진다. 교사가 주도하는 대집단 활동과는 달리 유아들의 개별적인 흥미와 요구에 따라 자발적으로 놀이에 참여하므로, 유아의 성장이 촉진된다.

유아를 위한 자유선택활동의 영역 구성은 유아의 연령, 보육실 크기, 유아의 수,

현재 관심 주제 등에 따라 차이가 있으나, 기본적으로 언어 영역, 수 · 과학 영역, 미술 영역, 조작 영역 등의 정적인 활동 영역과, 역할 영역, 쌓기 영역, 대근육 활동 영역, 음률 영역 등 활동성이 큰 동적 영역을 배치한다. 또한 오후도 오전과 마찬가지로 풍부한 놀이를 제공하되, 오전의 활동량을 고려하여 조절한다. 유아가 자신의 흥미와 요구에 따라 흥미 영역을 선택하고, 다양한 자료나 교구를 선택하여 활동을 즐기고 또래와 함께 놀이를 진행한다면 유아는 자신감과 성취감을 얻을 수 있다.

이 시간에 교사가 할 역할은 놀이에 함께 참여하거나 놀이 방법과 정보를 제공하는 것, 유아 간의 갈등을 중재하고, 놀이의 선택과 실행과정 등을 도와주는 것을 들 수 있다. 또한 어떤 영역에서의 놀이가 단순하게 반복되거나 더 이상 발전이 되지 않을 경우 교사가 놀이에 참여함으로써 놀이를 심화 · 확장시킬 수 있다.

유아의 지식과 기술을 확장하고 심화하는 질 높은 자유선택활동을 실천하기 위하여 교사는 유아의 발달수준과 흥미를 사전에 알고 생활 주제에 적합한 놀이 환경을 조성해야 하며, 유아가 스스로 활동을 계획하고, 실행하고, 평가할 수 있도록 다음과 같이 지도해야 한다.

유아의 자유선택활동 지도방법 및 유의사항

- 계획하기: 교사와 유아가 함께 하루일과를 계획하는 것이 바람직하다. 교사는 유아들이 자유선택활동을 계획할 때 전날 활동을 연계하여 계획하도록 지원하거나, 새로운 놀이나 활동을 소개해 주면서 유아의 흥미를 자극하고 동기를 유발시킨다. 특히 오후의 실내 자유선택활동은 오전에 하였던 활동을 연계한 놀이나 좀 더 편안하고 자유로운 놀이를 하는 것이 바람직하다.

  유아들이 스스로 자신의 놀이를 계획할 수 있도록 놀이 계획판을 준비하여 제공한다. 만약 유아가 여러 가지 영역의 활동에 골고루 참여하지 않고 자신이 좋아하는 영역에서만 활동하기를 고집한다면 유아의 흥미를 끄는 교구를 제공하여 다른 영역에서의 활동도 골고루 경험하도록 유도한다.

- **실행하기**: 교사는 오전과 오후, 실내와 실외 자유선택활동 등이 서로 연계될 수 있도록 융통성 있게 운영하며, 모든 유아들이 놀이를 선택하여 참여할 수 있도록 돕고, 유아들이 선택한 활동에서 좀 더 발달된 수준으로 활동이 진행될 수 있도록 적극적인 상호작용을 한다.

  활동에 몰입하지 못하고 배회하는 유아가 있는지 살펴보고 이들을 활동에 적극적으로 참여하도록 돕는다. 또한 교사는 모든 활동이 유아들의 흥미와 발달수준에 적합한가를 세밀한 관찰을 통해 점검하고, 이를 토대로 각 유아에게 적절한 언어적 상호작용이나 개입을 하는 것이 중요하다. 이때 유아의 활동을 기록(전사, 녹화, 녹음, 사진 등)하고 분석함으로써 유아의 개인적인 특성을 보다 세밀하게 파악하여 유아에게 적합한 개입의 시기나 방법으로 상호작용하는 데 도움을 받을 수 있다.

- **평가하기**: 교사는 평가하기 시간에 유아들이 참여했던 자유선택활동을 서로 소개하여 놀이와 서로에 대한 여러 사람의 느낌 또는 감정을 공유하도록 지원한다. 또한 자유선택활동 시간에 이루어졌던 활동 중 학급의 유아들과 함께 확장해 갈 수 있는 놀이활동의 전개과정에 대해 의논할 수도 있다.

(1) 만 0~2세

① 만 0세 영아

만 0세 영아는 감각적인 탐색을 통해 세상을 발견해 나가므로 다양한 질감을 지닌 촉감을 자극하는 놀잇감(부드러운 천으로 만들어진 딸랑이, 블록, 폭신한 인형) 혹은 소리를 내는 놀잇감 등을 준비한다. 거울, 인형과 같은 놀잇감을 가지고 타인과 자기를 인식하는 놀이를 하며, 헝겊인형, 봉제동물과 같은 껴안을 수 있는 놀잇감을 제공하여 정서적 안정감을 획득하도록 해야 한다.

② 만 1세 영아

만 1세 영아는 도움 없이 걷기를 시작하는 시기이므로 손수레, 끌차, 유모차 등과 같은 놀잇감을 준비하여 걷기를 자극하는 놀이가 이루어지도록 해야 한다. 또한 대상영속성 개념을 활용한 까꿍 놀잇감, 사물 그림책, 컵, 접시 등의 부엌 놀잇감을 통해 대상영속성 개념이 획득되도록 도움을 주는 놀이를 한다.

만 1세 영아는 소근육을 이용하는 모양 맞추기, 작은 블록, 스폰지 블록 등을 가지고 눈과 손의 협응력이 발달하는 놀이를 하며, 그림책 보기를 좋아한다.

만 1세 영아의 감각 및 탐색 · 언어 · 쌓기 · 신체 및 움직임 영역 자유놀이의 예는 다음과 같다.

감각 및 탐색 영역: 교통 기관 그림자 맞추기

활동 목표	탈것 놀잇감의 그림자를 찾아 붙인다.
준비물	교통 기관 그림자판, 교통 기관 펠트 놀잇감
활동 내용	• 놀잇감을 탐색한다. "여기 하늘을 날아다니는 비행기가 있네. 이건 무엇일까?" • 탈것 놀잇감을 그림자 판 위에 올려놓는다. "여기 비행기 그림자를 찾아보자~ 어떤 그림자가 비행기와 모양이 같을까?" • 영아들이 탈것 놀잇감을 선택해 그림자를 찾아 붙여 본다.
평가	탈것의 교구와 그림자를 찾아보며 이름을 익히고 이를 회전하며 자리를 찾아보았다. 펠트 교구제작 시 그 안에 솜을 넣고 제작했으나 여러 가지 촉감을 느낄 수 있는 재료를 넣으면 더욱 좋았을 것 같다.

언어 영역: 그림책 보기

활동 목표	탈것 그림책을 본다.
준비물	여러 가지 탈것 그림책
활동 내용	• 탈것 그림책을 본다. • 탈것 그림책에 나오는 교통 기관을 본다. "이 자동차는 불이 났을 때 달려오는 사다리차야~ 이 자동차는 아픈 사람을 싣고 가는 구급차야." • 스스로 책장을 넘기며 탈것 그림을 본다.
평가	그림책 속의 교통 기관에 대해 흥미를 보이고 이를 언어로 표현할 수 있었다. 촉감, 소리를 탐색할 수 있는 다양한 그림책 및 교구를 제공해 주어 영아들이 탈것의 이름과 특징을 탐색해 볼 수 있도록 환경을 구성해 줘야겠다.

교통 기관 모자이크 만들기

그림책 보기

쌓기 영역: 나는 운전사예요

활동 목표	운전대를 움직이며 운전사 역할을 표현한다.
준비물	큰 종이 벽돌, 운전대
활동 내용	• 큰 종이 벽돌을 연결해 자동차를 만든다. • 만든 자동차에 타서 운전대를 돌리며 운전한다. "어디로 가나요? 출발~ 도착했습니다. 어린이집으로 데려다 줄 수 있나요?" • 자신 혹은 친구를 태운 후 가고 싶은 장소를 말하며 운전 놀이를 한다.
평가	영아들이 만든 자동차에 친구를 태우고 음식을 실으며 자신들의 경험을 표현할 수 있었다. 영아들의 독립적인 공간을 마련해 주기 위해 블록과 운전대를 충분히 제공하여 자동차를 만들어 봐야겠다. 또한 블록 이외에도 상자를 이용한 자동차를 만들어 타고 움직여 볼 수 있도록 해야겠다.

신체 및 움직임 영역: 횡단보도 건너기

활동 목표	신호등 색에 맞게 횡단보도를 건넌다.
준비물	신호등, 바닥에 붙여진 횡단보도 모양 테이프
활동 내용	• 신호등을 탐색한다. "신호등을 본 적이 있니? 신호등에는 어떤 색이 있을까?" • 횡단보도를 탐색한다. "길 위에 하얀색 줄이 있는데 이곳에서 신호등이 초록색이 되면 건너가는 거야." • 교사가 표현하는 신호등의 색에 맞게 횡단보도를 건너가 본다.
평가	놀이 시 횡단보도와 신호등 환경구성을 제공한 후 신호등의 빨간색과 초록색을 구분하여 '빨강: 멈춤, 초록: 건너기'활동을 통해 초록색에 건너는 것임을 인지할 수 있도록 했으면 좋았을 듯하다. 또한 이 활동을 약간 수정하여 차후 전이활동시 〈그대로 멈춰라〉 노래를 들으며 교사가 보여 주는 빨강과 초록색에 맞게 멈추기 놀이를 하면 좋겠다.

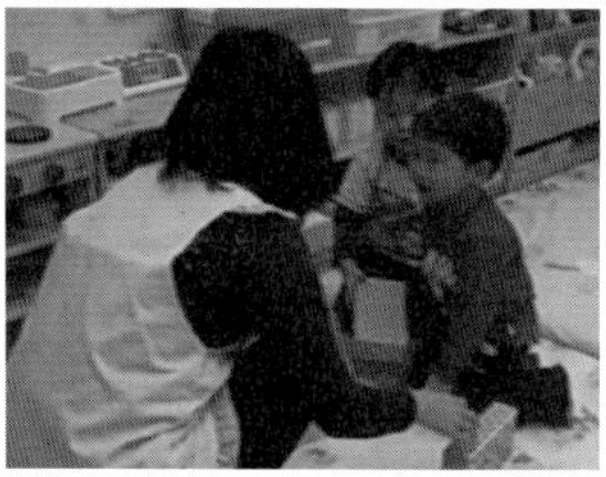

나는 운전사예요 놀이

횡단보도 건너기 움직이기

③ 만 2세 영아

만 2세 영아는 걷기, 뛰기뿐만 아니라 계단을 기어서 올라가고 내려갈 수 있다. 그러므로 여러 가지 운동 기술을 시험해 볼 수 있는 다양한 놀잇감을 제공한다. 실내에서는 큰 스폰지 블록과 우레탄 블록으로 오르고 내리는 놀이를 하도록 하고, 실외에서는 매달리는 철봉, 오름목, 당기며 끄는 수레, 쌓아 올리는 블록 등으로 놀이를 한다.

소근육을 이용한 놀이도 활발해지므로 큰 조각 퍼즐, 구슬 꿰기, 점토를 제공하며, 오리고 붙이는 것과 같은 기구를 이용하는 기술은 제한적이지만 습득할 수 있으므로 다양한 질감의 종이, 안전가위, 풀 등을 준비한다.

만 2세 영아는 감각을 이용한 탐색에 대하여 큰 흥미를 가지므로 결과물을 만들어 내는 것보다는 물감, 찰흙, 모래와 같은 놀이 재료를 탐색하는 것이 더 중요하다. 감각을 이용한 탐색을 위해 찰흙, 밀가루 점토, 유점토를 이용하여 누르고 부수고 모양 만들기를 할 수 있는 기회를 제공한다. 손가락 그림 그리기(finger painting)와 물놀이 역시 매우 즐거운 활동이다.

만 2세 영아의 사회적 접촉은 간단하고 일시적인 의사소통일 뿐이다. 다른 영아와 함께 있는 것을 좋아하나, 나누고 협력하는 능력은 제한적이다. 따라서 놀잇감을 제공할 때는 동일한 놀잇감을 2~3개 이상 제공한다.

만 2세 영아의 인성은 활동적이고, 활기차며, 강한 독립성을 나타내는 단계다. 자신의 독립심을 주장하는 만 2세 영아는 요구가 많고, 고집이 세며, 타협을 하지 않으려 한다. 이러한 행동은 만 2세 영아가 보다 많은 자율성을 원하기 때문이라 볼 수 있다. 그러므로 자율성을 고려한 놀이활동을 진행해야 한다.

만 2세 영아의 미술 · 언어 · 조작 · 소꿉 · 쌓기 영역 자유놀이의 예는 다음과 같다.

미술 영역: 탈것 모양 종이에 꾸미기

활동 목표	탈것 모양 종이에 자유롭게 꾸민다.
준비물	탈것 모양 종이, 크레파스, 풀, 여러 가지 모양의 색종이
활동 내용	• 탈것 모양을 탐색한다. "여러 가지 탈것 그림이 있네. 어떤 것이 있는지 볼까? 이것은 트럭이구나." • 자신들이 좋아하는 탈것 모양을 선택한다. • 선택한 탈것 모양 종이에 자유롭게 긁적이거나 종이를 붙여 꾸민다. • 완성한 탈것 그림을 감상해 본다. "우와~ 자동차에 문을 그려 줬구나." "민준이는 여러 가지 색을 이용해 그림을 그렸구나."
평가	오늘은 교사가 오려 준 색종이를 붙여 보았는데 다양한 모양 종이를 제공했으면 더욱 좋았을 듯하다. 내일부터는 가위 사용을 통한 소근육 발달을 위해 영아들이 직접 안전 가위를 사용해 색종이를 오린 후 붙여 봐야겠다. 또한 색종이 이외에도 여러 종류의 종이를 제공해야겠다.

언어 영역: 그림책 보기

활동 목표	여러 가지 자동차를 보며 이름을 말한다.
준비물	여러 가지 자동차가 있는 그림책
활동 내용	• 여러 가지 자동차 그림을 본다. • 자동차를 보며 이름을 따라 말한다. "아픈 사람을 태워 주는 구급차예요. 빠르게 달리는 스포츠카예요." • 자유롭게 그림책을 보며 놀이한다.
평가	영아들이 자동차 그림책에 흥미가 높았다. 평소 보았던 자동차나 영상매체를 통해 자동차에 대해 이야기 나눌 수 있었다. 그림책 속의 자동차가 실물 사진이 아니어서 평소 주변에서 볼 수 있는 자동차 실물 사진을 벽면에 함께 게시하여 의사소통할 수 있도록 해야겠다.

탈것 모양 종이에 꾸미기

그림책 보기

감각 및 탐색 영역: 탈것 이름 알아보기

활동 목표	탈것 이름을 말한다.
준비물	탈것 이름 글자 카드 및 그림 카드
활동 내용	• 탈것 글자와 그림을 탐색한다. • 탈것 그림을 보며 이름을 말한다. • 탈것 그림과 글자를 연결한다. "이 글자는 '트럭'이네. 트럭 그림을 찾아 붙여 볼까?"
평가	영아들이 아직 탈것 이름을 정확히 인지하지 못하고 "삐뽀삐뽀"라고 말하였다. 그렇기 때문에 영아들의 언어 표현 시 정확한 이름과 특징을 언어로 표현해 줘야겠다. 또한 영아들 발달수준을 고려하여 글자보다는 사진이나 그림 자료를 제공해 주며 글자 제공 시에는 글자와 사진이 함께 있는 자료를 제공해 주는 것이 더 좋겠다.

역할 영역: 음식상 차리기

활동 목표	여러 가지 음식을 만들어 상 차리기 놀이를 한다.
준비물	모형 음식, 그릇 세트, 다양한 식기도구 놀잇감 세트
활동 내용	• 음식 놀잇감의 종류를 탐색한다. "초록색인 이 음식은 무엇일까?" 조리대에서 음식을 만든다. "어떤 음식을 만들고 있니?" 만든 음식을 그릇에 담은 후 교사, 친구와 함께 먹으며 놀이한다. "음식이 너무 뜨거운데 어떻게 먹지? 숟가락과 포크가 없는데 어떻게 먹지?"
평가	조리대에서 자유롭게 그릇에 음식을 담고 만드는 과정을 행동 및 언어로 표현할 수 있었다. 그날의 식단에 따라 영아들이 싫어하는 종류의 음식 모형이나 사진을 함께 제공해 주어 놀이 시 탐색하고 점심시간에 이를 실제로 먹어 보는 경험을 통해 새롭거나 기피하는 음식에 대한 거부감을 줄일 수 있도록 하면 더 좋겠다.

탈것 이름 알아맞히기 게임

음식상 차리기

쌓기 영역: 블록으로 탈것 만들기

활동 목표	블록을 끼워 탈것을 만든다.
준비물	레고 블록
활동 내용	• 레고 블록을 끼워 탈것을 만든다. "하윤이는 무엇을 만들었니?" • 영아들이 만든 탈것을 보며 상호작용한다. "로켓을 만들었니? 우리, 만든 로켓을 하늘로 슝~ 날려 볼까?" • 영아들이 만든 탈것에 이름을 만들어 본다. "우리 로켓에 이름을 만들어 줄까? 무엇이라고 이름을 만들면 좋을까?" • 만든 탈것을 이용해 놀이한다.
평가	영아들에게는 생소할 수 있는 로켓이었으나 홍미를 보이므로 로켓의 실제 사진을 제공하는 것이 좋겠다. 또한 영아들이 쌓기 영역뿐만 아니라 창의 영역에서도 로켓을 만들어 볼 수 있도록 종이컵과 폐품을 제공해 주고, 대근육 영역과 실외 자유놀이 시간에는 직접 신체를 이용하여 로켓의 발사 모습을 흉내 내는 놀이를 하면 좋겠다.

블록으로 탈것 만들기

(2) 만 3~5세

① 만 3세 유아

만 3세 유아는 상상력이 풍부하여 극놀이에 홍미를 나타내며 상상놀이에 많이 참여하는 것을 볼 수 있다. 성인의 역할을 모방하며 남성과 여성의 적절한 성역할을 인식하여 놀이한다. 만 3세 유아는 또래와 나누어 갖기 행동을 나타내고 자신의 순서를 기다릴 줄 아는 등, 또래와의 사회적 상호작용이 빈번하며, 주변 성인과도

협력하는 등 사회적 구성원으로서 필요한 기술을 익힌다. 즉, 만 3세 유아는 사회성이 발달하고 성인의 다양한 역할에 관심과 상상력을 나타내는 시기이므로 이러한 특성과 관련이 깊은 놀잇감이 요구된다.

상상놀이를 위해 다양한 소품(성인의 옷, 안경, 병원놀이 기구, 화장품, 인형과 인형집, 트럭 등)을 제공한다. 풍부한 상상력을 나타내므로 블록을 단순히 쌓거나 배열하기보다는 자신들의 상상을 블록놀이에 적용하는 것을 알 수 있다. 블록을 사용하여 빌딩, 거리, 터널과 같은 구조물을 만들며 이에 자신의 상상력을 불어넣기 시작한다.

퍼즐, 게임, 블록놀이는 유아의 성취 가능성에 따른 준비를 해 주어야 한다. 만 3세 유아는 비의도적이긴 하지만 자신이 노력하여 얻은 결과에 관심이 있으며 자신이 한 것을 자랑하며 성취에 대한 기쁨을 나타낸다.

② 만 4세 유아

만 4세 유아는 대근육 발달에서는 한 발로 서서 균형을 잡을 수 있고 롤러스케이트를 타기도 한다. 정글짐, 터널, 평균대 등을 다양한 방법으로 이용하여 활동하고 로프 오르내리기, 갤롭핑, 홉핑, 스킵핑도 시작된다. 쉽게 공을 잡고 던질 수도 있다. 소근육도 정교해져서 신발 끈 묶기, 목공작업 등의 놀이도 할 수 있다.

자신이 관찰한 것을 다른 사람에게 이야기할 수 있고 자신만의 이야기와 노래를 만든다. 또래와 놀이하기를 좋아하고 가족 이외의 외부 세계에 대해 호기심을 갖는다.

오리기, 그리기, 색칠하기, 블록 쌓기 등 다양한 구성놀이를 하며 만 3세에 비해 처음부터 의도를 지니고 결과물에 대한 계획을 세우는 것을 알 수 있다. 그러나 결과물에 대한 계획은 놀이 재료가 변하듯이 변한다.

따라서 만 4세 유아에게는 다양한 조형 놀잇감과 운동 놀잇감, 역할 놀잇감을 주어 놀이가 활발하고 다양하게 이루어지도록 해야 한다.

③ 만 5세 유아

만 5세 유아는 자기중심적인 사고에서 점차 벗어나며 또래와 타인에 대한 배려가 발달하여 타인과 협력하는 것을 알 수 있다. 규칙을 만들고 만들어진 규칙을 지키려고 노력하며 그룹 게임을 좋아한다. 만 5세 유아는 만 4세처럼 그리고, 오리고, 색칠하기를 좋아하며 지나칠 정도로 정확히 만들려고 애를 쓰고, 자신의 작품과 다른 사람의 것을 비교·평가하는 경향이 있다. 그러므로 만 5세 유아에게는 다양한 미술재료를 제공하여 그들의 창의적인 표현을 장려하며, 다양한 판 게임을 제공하여 규칙을 인식하고 조정하도록 해야 한다.

유아가 놀이 계획을 세우고 완전히 마무리하도록 하는 기술지향의 놀이 자료들은 알맞은 지시가 있어야 하고, 유아와 성인이 함께 작업할 수 있어야 한다.

가상놀이의 내용이 매우 다양해져서 일상적으로 경험하는 가정생활 내용뿐만 아니라 텔레비전이나 책에 나오는 여러 유형의 인물이나 사건을 표현하며 때로는 유아 스스로 내용을 꾸며서 놀이를 하기도 한다. 미리 계획을 세우고 또래들과 함께 역할을 정하며, 실제 사물과 비슷하지 않은 형태의 놀잇감을 가상하여 사용한다.

다음은 만 3세 유아의 수·조작·쌓기·음률·언어 영역 자유선택활동의 예다.

수 · 조작 영역: 탈것 퍼즐을 맞추어요

활동 목표	• 그림 바탕에 맞게 퍼즐을 맞춘다. • 그림 바탕이 없이 퍼즐을 맞춘다.
준비물	탈것 퍼즐 조각, 탈것 퍼즐판(그림 있는 것, 그림 없는 것 두 개)
활동 내용	• 그림을 보며 사진을 탐색한다. • 그림 바탕에 맞게 탈것 퍼즐을 맞춘다. "퍼즐 조각이 있는데 그림을 보면서 그 위에 퍼즐을 맞춰 볼까?" • 그림 바탕이 없이 탈것 퍼즐을 맞춘다. "이번에는 네가 맞췄던 그림을 잘 생각한 후 퍼즐 조각만 보면서 퍼즐을 완성해 보자." • 유아 개인의 발달수준을 조절하여 퍼즐 맞추기를 한다.
평가	하나의 퍼즐을 이용해 2수준으로 놀이할 수 있어서 유아 개인의 수준을 놀이 상황에서 조절할 수 있어서 좋았다. 이번 퍼즐은 그림의 유 · 무에 따른 활동이었는데 차후에는 퍼즐 조각의 수와 모양을 고려하여 제작을 해 수준을 조절해 주면 더 좋겠다.

쌓기 영역: 자동찻길 만들기/횡단보도로 건너요

활동 목표	자동찻길과 횡단보도 구성 후 규칙을 알고 놀이한다.
준비물	큰 종이 벽돌 블록, 사람 모형, 자동차
활동 내용	• 큰 종이 벽돌 블록을 이어 자동찻길을 만든다. "자동차가 다니는 길은 어디니? 사람들이 길을 건너려고 하는데 어떻게 하면 좋을까? 자동차가 달려오는데 길을 건너려면 어디로 가야 하니?" • 유아들이 만든 블록 길에 횡단보도를 만든다. ("횡단보도를 무엇으로 만들면 좋을까? 어떤 모양으로 만들어야 하지?" 횡단보도에서 길을 건너 보았니?) • 자동차와 사람 모형을 가지고 역할을 나눠 자동찻길 놀이를 한다. "지금 길을 건너가려고 하는데 신호등 색을 말해 줄 수 있겠니? 초록색 불이 되었으니 사람들은 어떻게 해야 할까? 그럼 자동차는?"
평가	유아들이 터널을 정교하게 구성하며 자동찻길에 대한 흥미가 높았다. 다음 단계에는 교통 표지판과 신호등 사진을 제공해 주어 더 발전된 자동찻길을 구성해 보도록 유도하면 좋겠다. 또한 블록 외에도 자동찻길을 구성할 수 있도록 길 모양으로 오린 박스를 제공해 이들을 이어서 길을 만들면 좋겠다. (조형 영역: 교통 표지판과 신호등 만들기/쌓기 영역: 실물 사진, 박스 길 제공)

음률 영역: 〈간다 간다〉 율동하기

활동 목표	노래를 들으며 몸을 움직인다.
준비물	〈간다 간다〉 동요 CD, 카세트, 방울
활동 내용	• 노래를 들으며 자유롭게 춤을 춘다. • 교사의 동작에 맞게 춤을 따라 춘다. • 유아들이 추는 동작을 따라서 춤을 춘다. "이번에는 수진이의 동작에 맞춰서 춤을 춰 볼까?" • 노래 가사의 탈것 종류에 맞게 표현한다. "이번에는 비행기가 되어서 움직여 보자. 어떻게 비행기를 표현할 수 있을까?"
평가	자유롭게 자신의 신체를 움직이고 탈것을 표현해 볼 수 있었다. 교사의 동작을 처음부터 따라 하기보다는 유아들이 먼저 동작을 생각해 보고 표현해 볼 수 있도록 활동을 안내했으면 더욱 좋았을 듯하다. 춤을 추는 것 외에도 악기 연주에 흥미가 높으므로 노래를 들으며 악기 연주를 통해 간단한 소리 패턴을 만들면 좋겠다.

자동찻길 만들기

〈간다 간다〉 율동하기

언어 영역: 여러 가지 탈것 수수께끼

활동 목표	• 탈것의 특징을 언어로 표현한다. 탈것의 특징을 듣고 그에 맞는 글자 카드를 찾는다.
준비물	탈것 그림 카드, 글자 카드
활동 내용	• 수수께끼 놀이 규칙을 이야기한다. • 교사나 친구가 수수께끼 문제를 낸다. "이것은 하늘에서 볼 수 있어요. 많은 사람을 동시에 태울 수가 있어요. 무엇일까요?" 정답을 맞힌 유아는 그림 카드를 보며 글자를 찾는다. 게임 종료 시 유아들이 가지고 있는 글자 카드의 수를 센다. 가장 많은 수의 카드를 가진 유아가 승리한다.

평가	수수께끼 게임 후 정답에 맞는 글자를 찾는 활동 시 글자를 익히지 못한 유아들도 활동에 참여할 수 있도록 글자와 그림을 함께 제공해 주면 좋겠다. 또한 글자에 흥미를 가질 수 있도록 '탈것 촉감 글자'교구를 제공해 주어 손으로 글자를 따라 쓸 수 있도록 해야겠다.

2) 대 · 소집단 활동

나이가 어린 영아들은 발달의 특성상 전이활동이나 동화책 읽기 등의 활동이 대 · 소집단 활동의 주가 되며, 다른 형태의 대 · 소집단 활동은 거의 이루어지지 않는 편이다. 그러나 유아들은 대집단 혹은 소집단으로 교사가 계획하고 이끄는 활동에 참여한다. 대 · 소집단 활동은 영유아의 연령에 따라 활동의 종류, 시간, 그리고 집단의 크기 등에서 차이가 있다. 이때 가장 중요한 점은 영유아의 관심과 수준을 고려하여 다양한 형태와 내용을 포함하는 집단 활동을 계획하는 것이다.

대 · 소집단 활동 지도방법 및 유의사항

- 학기 초에는 가능한 한 대집단보다는 소집단 활동을 더 많이 계획하고 실시한다.
- 대 · 소집단의 인원 구성, 하루에 모이는 횟수, 진행 시간 등은 유아의 흥미, 발달특성, 활동의 특성, 시기, 활동실의 상황 등을 고려하여 융통성 있게 운영한다.
- 주의집중에 너무 많은 시간이 걸리지 않도록 하되 흥미로운 시작이 되도록 수수께끼나 말 잇기, 잠깐 진행하는 게임, 손유희, 노래 부르기 등을 하는 것도 좋다.
- 교사가 일방적으로 활동을 이끌어 가지 않고 많은 유아들의 개별적 경험을 나누되 지루해하지 않도록 진행한다.

- 대 · 소집단 활동을 하는 동안 교사는 적절하게 질문하고, 제안하고, 유아의 반응을 격려하고 인정해 주는 등의 개입이 필요하다.
- 학기 초에 집단으로 모이기 힘든 유아를 위해 개별 활동을 준비하는 것이 좋다.

이 시간에 실습생은 보조교사로서 적극적인 지원을 하면서 전체 보육활동에 대해 관찰을 하게 된다. 따라서 실습생은 먼저 영유아가 활동에 주의집중을 할 수 있도록 지원하여야 한다. 주의를 산만하게 만드는 주변의 교구, 환경을 정비하고, 활동에 대한 다른 영유아의 활동에 대한 집중을 방해하지 않도록 도움을 주어야 한다. 즉, 다른 영유아 때문에 교사의 얼굴이 가려지거나 교재가 시야에서 가려지는 것은 아닌지 점검하여야 한다. 또한 동작활동이나 게임을 할 때는 공간이 충분히 확보될 수 있도록 영유아의 앉는 위치를 점검해 준다. 만약 공간이 좁은 경우 영유아 간의 다툼과 안전사고가 발생할 수 있음을 기억해야 한다. 또한 그날의 건강/정서 상태에 따라 집단 활동에 참여하고 싶어 하지 않는 영유아의 경우, 억지로 참여시키기보다 구경하거나 다른 활동을 하면서 마음의 준비를 하도록 도움을 주어야 하고, 이들이 다른 영유아의 활동을 방해하지 않도록 지속적인 지지를 해 주어야 한다.

만 1~5세 대 · 소집단 활동의 예는 다음과 같다.

손유희: 어디 있나? (만 1세)

활동 목표	리듬감 있는 말소리를 들으며 눈 · 코 · 입을 찾는다.
준비물	없음
활동 내용	• 〈어디 있나?〉 노래를 부르며 교사와 눈 · 코 · 입을 찾아 가리킨다. "눈은 어디 있나? 요기. 코는 어디 있나? 요기." • 눈 · 코 · 입을 가리키며 가사를 따라 부른다. • 벽면 거울 앞에 앉아서 노래를 부르며 눈 · 코 · 입을 가리킨다.
평가	거울로 자신의 모습을 보며 눈 · 코 · 입을 찾아 가리키며 자신의 표정을 탐색할 수 있었다. 눈 · 코 · 입을 인지하지 못하는 영아들이 있어 교사와 함께 자신의 모습을 거울로 보며 얼굴을 탐색하도록 하였다.

동화 듣기: 원숭이네 집에 불이 났어요 (만 2세)

활동 목표	읽어 주는 그림책의 그림과 내용에 관심을 가진다.
준비물	그림책 『원숭이네 집에 불이 났어요』
활동 내용	• 교사가 읽어 주는 그림책을 듣는다. • 그림책 속의 내용을 듣고 관심 있는 사물이나 그림을 본다. • 영아들이 묻는 사물이나 그림의 상황을 말해 준다. "이것은 불을 끄는 빨간 불자동차란다." "원숭이네 집에 불이 나서 119에 전화를 했어요."
평가	소방대피훈련으로 인해 불이 나는 것에 대한 관심이 높았던 상태에서 관련된 그림책을 읽어 주자 "119, 소방차, 불을 꺼요, 입을 가려요." 등의 자신의 경험이나 책의 내용을 표현할 수 있었다. 그림책의 그림에 흥미를 보이기 때문에 책 보기 영역에서 소수의 영아들과 상호작용을 통해 그림을 탐색하면 좋겠다.

이야기 나누기: 책상 길이 재기 (만 3세)

활동 목표	임의 단위로 책상 길이를 측정한다.
준비물	자유선택활동 시간에 책상 길이를 잰 후 기록했던 활동지
활동 내용	• 활동을 소개한다. "오늘 너희가 손 뼘으로 책상 길이를 쟀는데 몇 뼘이 나왔는지 이야기해 주겠니?" • 자신이 측정한 책상 길이를 이야기한다. • 유아들이 측정한 책상 길이가 다른 이유에 대해 이야기 나눈다. "너희 모두 손으로 길이를 쟀는데 왜 길이가 다 다를까?" • 옆 친구와 손 크기를 비교한다. "손의 크기가 다르기 때문이라고 했는데 그럼 옆 친구와 손 크기를 재 보자." • 책상 길이를 잴 수 있는 사물을 찾는다. "무엇으로 재면 우리 모두가 잰 책상 길이가 똑같을까?" • 유아들이 찾은 사물로 책상 길이를 잰다.
평가	오전에 직접 활동했던 활동지를 가지고 이야기를 나누자 활발하게 자신의 생각을 말할 수 있었다. 임의의 단위에 대해 의문을 가지고 그 후의 방법에 대해 지속적으로 찾아보며 길이 재기 활동을 할 예정이다. 그래서 오늘 활동 마무리에서 다시 책상 길이를 잴 수 있는 사물을 생각해 보았으며, 다시 개인 혹은 소집단으로 활동을 진행할 예정이다.

게임: 파리 잡기 (만 4세)

활동 목표	10 이하의 수의 많고 적음을 비교한다.
준비물	파리채, 파리 모형, 일대일대응판
활동 내용	• 게임 규칙을 설명한다. "노래가 시작되면 파리를 잡는 거야. 노래가 멈추면 파리채로 잡은 파리를 일대일대응판에 하나씩 붙여 주면 된단다." • 2명의 유아가 나와 게임을 한다. • 노래가 멈춘 후 잡은 파리를 일대일대응판에 붙인다. • 잡은 파리의 개수를 비교한다. "지민이와 정원이가 몇 마리의 파리를 잡았니?" "수를 세지 않고 비교해 줄래?" • 일대일대응판에 붙은 파리를 보고 개수를 비교한다. • 함께 수를 세어 누가 더 많이 잡았는지 파리의 수를 비교한다. "지민이가 정원이보다 몇 마리의 파리를 더 많이 잡았니?"
평가	실제 게임 교구를 활용해 주의집중이 높았다. 일대일대응판을 보며 수를 세지 않고 '많고, 적음'을 비교하고, 수를 센 후 '더 많고, 적음'을 비교할 수 있었다. 게임의 규칙을 지키며 활동에 적극적으로 참여하였지만 간혹 손으로 파리를 잡아 파리채에 붙이는 유아가 있었기 때문에 차후 활동에서는 유아들이 심판 역할을 담당하여 서로 간에 규칙에 대해 안내하도록 해야겠다.

신체표현: 몸으로 표현해요 (만 5세)

활동 목표	음악을 듣고 느낌을 몸으로 표현한다.
준비물	비발디 〈사계〉
활동 내용	• 비발디 〈사계〉를 감상한다. • 음악을 감상한 느낌을 말한다. "음악을 들으니 어떤 생각이 드니?" • 음악의 느낌을 몸으로 표현한다. "느낌을 몸으로 자유롭게 표현해 볼래?" • 유아들이 자유롭게 음악을 들으며 몸을 움직인다. • 친구들이 나타내는 느낌을 감상한다. "수빈이는 이렇게 음악을 들은 느낌을 표현했구나."
평가	유아들이 음악을 듣고 자신의 느낌을 자유롭게 표현할 수 있었다. 하지만 소극적인 유아들이 신체로 느낌을 표현하는 것을 부끄러워하여 음악의 강약, 속도, 리듬에 따라 리본막대를 흔들 수 있도록 하였다. 유아들이 각 계절마다 다른 음악의 강약, 속도, 리듬에 따라 다양한 신체표현을 할 수 있었다.

3) 실외 활동

영유아를 위한 실외 활동은 원칙적으로 하루에 1시간 이상, 1회 이상 실시되어야 한다. 즉, 오전과 오후 2회 실시하는 것이 바람직하다. 실외의 개방된 공간에서 자유롭게 지낼 때 영유아는 실내에서의 긴장감을 풀고 하루를 즐겁게 보낼 수 있다. 하루 종일 어린이집에서 생활하는 영유아에게 실외 활동은 신체적인 발달과 심리적인 발산의 기회가 된다.

실외 활동에서 얻는 가장 큰 교육적 효과는 신체발달이나 지구력, 체력 등의 증진이다. 실외에서의 놀이활동은 신체발달 이외에 실내 놀이활동과 동일한 교육적 효과를 얻는다. 즉, 크기가 큰 숫자판을 활용하여 수교육을 하거나 큰 블록으로 쌓기 놀이도 할 수 있으며, 그늘집에서는 책을 보거나 그림을 그릴 수도 있다. 더 나아가 실외의 다양한 사물을 탐색하고, 특히 동식물의 성장을 관찰하면서 인지발달과 과학적 지식을 획득한다. 또한 다른 영유아들과 함께 활동함으로써 사회성 발달이 증진될 수 있고, 햇볕과 바람, 흙이 있는 좋은 자연환경에서 뛰어놀면서 정서발달이 증진된다. 날씨나 계절 등의 사정이 있을 경우나 실외 놀이터가 부족한 경우, 실내에 대근육 활동 공간과 동식물 영역을 마련하고, 지역사회 내 자연환경 시설도 자주 이용하여야 한다.

(1) 이동능력이 부족한 영아의 나들이

이동능력이 아직 충분히 발달되지 않은 영아들도 실내에서뿐 아니라 실외에서 하루 중 한 시간 이상은 지내야 한다. 창가 혹은 마당에서 외기욕을 하거나, 유모차를 타고 나들이를 함으로써 다양한 사물과 사람들을 접하고 탐색할 기회를 주어야 한다. 이러한 나들이는 신진대사를 활발히 하도록 촉진하여 밤잠을 잘 자게 해 준다. 실외 나들이의 중요성을 우리나라보다는 유럽의 여러 나라에서 더 크게 인식하고 잘 실천하고 있다. 보육교사가 쌍둥이 유모차에 아이들을 태우고, 걸을 수 있는 아이들은 걸어서 나들이 하는 모습을 흔히 볼 수 있으며, 여러 명의 영유아들을 태울 수 있는 수레가 판매되고 있다.

나들이 지도방법 및 유의사항

- 유모차는 경사로에 안전하게 서 있을 수 있는 안전장치가 있어야 하고, 정차할 경우에는 항상 이 안전장치를 걸고 정차한다.
- 출발하기 전에 반드시 안전벨트를 매고, 그냥 정차해 있을 때에도 영아가 움직여서 떨어질 위험이 있으므로 안전벨트를 맨 상태로 정차해야 한다.
- 걸어 다니는 영아도 찻길로 갑자기 뛰어들 가능성이 있는 어린 영유아인 경우, 안전띠로 묶어서 다니는 것이 좋다.
- 여러 명을 태우는 수레는 영유아가 일어섰을 경우에도 쉽게 떨어지지 않을 정도로 깊어야 한다.
- 교사는 한시도 영유아로부터 눈을 떼어서는 안 된다.

(2) 이동 가능한 영유아의 실외 활동

이동능력이 발달한 영유아는 보육실과 가깝게 연결된 실외에서 다양한 놀이기구를 활용하여 놀이활동을 하도록 한다. 특히 실외에서는 실내에서 할 수 없는 복합 놀이기구를 이용한 전신 활동의 대근육 활동이나 물모래놀이, 자전거 타기, 뛰어다니기, 동식물 관찰하고 기르기 등 다양한 활동과 경험을 할 수 있다. 또한 실내에서의 탐색과 인지적 활동의 확장 활동을 다양하게 할 수 있다. 예를 들어, 사방치기, 비석치기, 그림자놀이 등도 할 수 있고, 외국의 경우에는 다양한 그림책, 퍼즐, 블록, 숫자카드 등을 실외에 배치하고 자유롭게 놀이활동을 하도록 하고 있다.

실외 활동 지도방법 및 유의사항은 다음과 같이 구체적으로 살펴볼 수 있다.

① 안전한 환경 제공

- 놀이기구 및 놀이터 주변에 위험 요소가 있는지 정기적으로 점검한다.
- 오르기, 미끄럼틀, 그네 등과 같이 사고 위험이 따르는 곳은 다른 교사와 분담하여 감독한다.
- 유아들의 경우, 사전에 실외 놀이기구의 안전한 사용방법에 관해 이야기를 나누어 유아 스스로 안전의 중요성을 인식하고 놀이기구를 안전하게 사용할 수 있도록 한다.
- 실외 놀이에 지치거나 실외 놀이가 힘든 영유아를 위하여, 혹은 날씨가 더운 경우를 고려하여 영유아들이 휴식할 수 있는 그늘집을 마련하고 정적인 놀잇감을 준비한다.
- 구급약과 물, 휴지 등을 항상 비치한다.

② 시간 계획

- 바깥 온도나 날씨 변화에 따라 실외 놀이를 하는 시간을 융통성 있게 조절한다.
- 실내 활동과 연계하여 각 발달 영역이 균형을 이루도록 한다.

③ 다양한 활동의 제공

- 오르기, 걷기, 뛰어넘기 등과 같이 다양한 신체의 움직임이 가능하도록 다양한 놀잇감이나 놀이기구를 준비한다.
- 자연환경을 직접 탐색하고 관찰하는 경험을 제공한다.
- 동화 듣기, 간식 먹기, 그림 그리기 등의 정적인 활동도 실외 놀이 영역에서 경험할 수 있도록 배려한다.
- 실내에서 활동하기에 부담스러운 물, 모래, 물감을 이용한 활동을 제공하여 공간에 제약 받지 않고 놀이에 집중할 수 있도록 한다.

3. 영유아 생활지도

1) 등원 지도

어린이집에서의 하루일과는 영유아가 어린이집에 도착하면서부터 시작된다. 교사는 등원 시간 전에 미리 보육실을 점검하고 그날의 보육활동 자료를 준비한다. 영아반의 경우는 양육과 자유놀이 활동에 관한 자료가 대부분이어서 자료들이 충분히 있는지, 혹은 위생상태가 청결한지 등을 점검한다. 유아반에서의 활동 자료에는 교육활동 자료가 많으므로 매일 혹은 매주 준비할 새로운 자료가 많다. 등원하는 영유아를 반갑게 밝은 표정으로 맞이함으로써 하루를 즐겁게 시작하도록 한다. 취원한 지 얼마 되지 않은 영유아는 낯을 가리거나 부모와 떨어지기 힘들어 할 수 있으므로 더욱 따뜻하게 맞이하여 새로운 환경에 잘 적응할 수 있도록 돕는다. 등원 시 매우 중요한 업무로서 부모로부터 그 전날 저녁에 있었던 특별한 사건이나 영유아의 건강상태, 기분 등에 대한 정보를 듣고, 그날에 필요한 정보를 교환하여 하루일과를 지도하는 데 참고하도록 한다.

(1) 영유아의 등원 전 교사의 준비

영유아가 등원하기 전 어린이집의 교사는 다음과 같은 준비를 해 두어야 한다.

영유아 등원 전 교사 준비사항

- 부모에게 전달할 사항을 적은 메모를 교실이나 현관 입구에 붙여 둔다.
- 영유아를 데려온 시간, 전날의 특별한 사건이나 건강상태를 기록하는 기록부와 투약 의뢰서를 준비한다.
- 하루일과에 대한 시간표를 교실 앞 혹은 현관에 걸어 둔다.

(2) 영유아의 등원 시 교사의 역할

영유아가 어린이집에 등원할 때 교사는 다음과 같이 맞이한다.

영유아 등원 시 교사의 역할

- 부모와 영유아를 반갑게 맞이하며 인사한다.
- 부모와 영유아에 대한 정보를 간단히 나눈다.
- 영유아와 함께 개인 사물함에 신발, 옷, 개인용품을 넣도록 지도한다.
- 영유아의 기분, 건강상태, 투약시간, 중간 귀가 여부를 확인한다.
- 부모와 떨어질 때의 불안을 최소화하고 안전감을 갖도록 따뜻하게 맞이한다.
- 보육실에서 영유아가 놀이를 선택하여 시작하도록 지도한다.
- 아침을 먹지 않은 영유아에게는 음식을 제공하고, 잠이 부족한 영유아를 위해 조용히 잘 수 있는 공간을 마련한다.

(3) 부모와의 분리를 돕는 방법

보육교사는 어린이집에 온 영유아가 잘 적응하고 부모와 잘 분리할 수 있도록 다음과 같이 도울 수 있다.

영유아의 분리를 돕는 방법

- 최대한 어린이집을 가정과 같은 따뜻하고 편안한 분위기로 만든다.
- 정식으로 다니기 전에 기관을 자주 방문해서 장소와 사람들에 대한 낯가림을 해소하고 익숙해지도록 한다.
- 처음에는 특히 한 명의 교사가 집중적으로 돌보아 빠른 시간 안에 애착을 형성하도록 한다.
- 부모가 떠나기 전에 활동에 참여하게 하고, 특히 간식 준비나 장난감 정리하는 일을 도와줄 것을 부탁한다.

- 특별한 활동을 시작하고 부모가 데리러 올 때 완성하기로 약속한다. 혹은 특별한 뽀뽀나 말을 하여 달래 준다.
- 헤어질 때 몰래 도망가지 말고 '바이바이'를 한다. 부모와 헤어져도 부모가 다시 돌아옴을 알도록 한다. 즉, 헤어질 때 도망가는 것보다 작별인사를 하고 가며 언제쯤 돌아올 것인지 알려 주고 반드시 그때에 돌아온다.
- 영유아의 주의를 부모와 이별하는 사건으로부터 다른 것으로 돌리는 주의분산(distraction)이 필요하다. 예를 들어, 영유아가 좋아하는 놀잇감이나 신기한 것을 쥐어 주거나 재미있는 놀이나 동물을 이용하여 주의를 분산시킨다. 많이 힘들어하는 영유아에게는 집에서 가지고 있던 물건을 가져오도록 허락한다.

2) 식사 지도

(1) 수유 및 이유식

영아의 월령에 따라 아직 수유를 해야 하는 영아가 어린이집에 올 수도 있고 이유식을 하는 영아가 올 수도 있다. 영유아의 발달 정도에 따라 수유를 하거나 이유식을 제공하고 보육교사는 이를 지도해야 한다. 대체로 6개월 정도에 이유식을 시작한다.

영유아는 신체적인 성장이 빠르고, 매우 왕성하게 에너지를 소비한다. 따라서 영양학적으로 균형이 맞고 질이 좋은 이유식을 먹어야 보육시설에서의 하루를 잘 보낼 수 있게 된다. 그뿐만 아니라 수유 및 이유식 먹는 시간이 단순히 영양을 섭취하는 시간이라기보다는 영아가 다양한 음식을 접해 보고, 자신의 음식 선호를 넓혀 가는 기회가 되며, 교사와의 적절한 상호작용의 기회가 된다. 이유식 연령과 곡물의 예는 〈표 3-5〉와 같다.

〈표 3-5〉 이유식 연령과 곡물

진행방법 \ 시기			초기	중기	말기
조리 형태			걸쭉한 상태	혀로 으깰 수 있는 상태	잇몸으로 으깰 수 있는 상태
식품 1회	I	곡류	으깬 죽 5~10g (1~2 스푼)	으깬 죽 30~70g (이유식 그릇 1/3~2/3)	죽/진밥 80~100g (이유식 그릇 2/3~1그릇)
	II	달걀	노른자 1/4개	노른자~통째 1/2~11/2	통째 2/3~1개
		고기	5~10g (2~4스푼)	10~20g (4~8스푼)	20~30g (8~12스푼)
	III	야채	5~10g (1~3스푼)	10~30g (3~10스푼)	30~40g (10~13스푼)

출처: 보건복지가족부(2008).

수유 및 이유식 지도방법 및 유의사항

- 12개월 이전 영아의 경우 보육시설에서 분유를 3~4회 먹게 되는데, 영아가 먹게 되는 분유의 종류, 양, 횟수 및 먹는 간격 등 개인적 사항을 고려하여 수유할 수 있도록 한다.
- 수유할 때는 젖을 먹이듯이 영아를 안아 심리적 안정감을 주고, 눈을 맞추면서 언어적 상호작용을 하며 수유한다. 수유를 마치면 교사의 한쪽 어깨에 영아의 머리가 오도록 하고 등을 가볍게 두드려 트림을 시킨다.
- 이유식은 영아의 월령, 가정 내에서의 이유식 정도, 유동식과 고형식에 대한 선호 등의 개인적 취향, 알레르기 반응, 영양의 균형 등을 고려하여 여러 가지 맛을 경험할 수 있도록 한다. 처음 이유식을 시작하는 영아의 경우 개별 맛보기 활동을 통해 이유식으로 자연스럽게 유도할 수 있다.
- 가정에서 가져온 이유식이나 모유 등은 영아의 이름을 써서 냉장고에 보관한다.

- 수유 및 식사 후에는 먹은 양, 시간 등을 일일 보고서에 기록하여 귀가 시 부모가 참고할 수 있도록 한다.
- 식사를 할 수 있는 고정된 영역을 구성하여 안정되게 식사를 할 수 있도록 배려한다.
- 식사 후 손과 얼굴을 씻기고 영아용 칫솔로 이를 닦아 준다.
- 이 닦기와 손 씻기가 끝난 후에 휴식 시간과 낮잠 시간으로 활동이 전이되도록 한다.

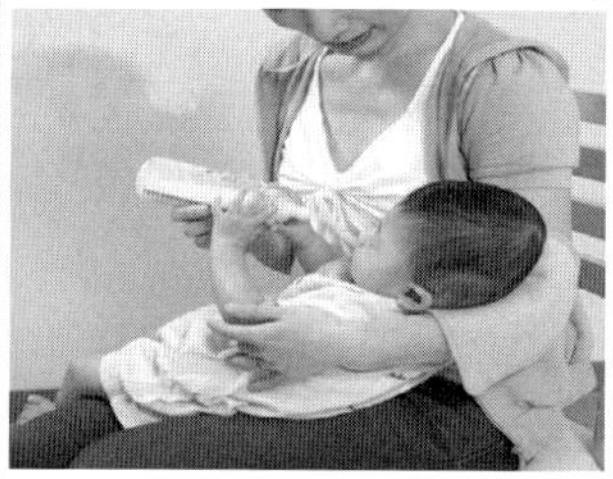
수유하는 모습

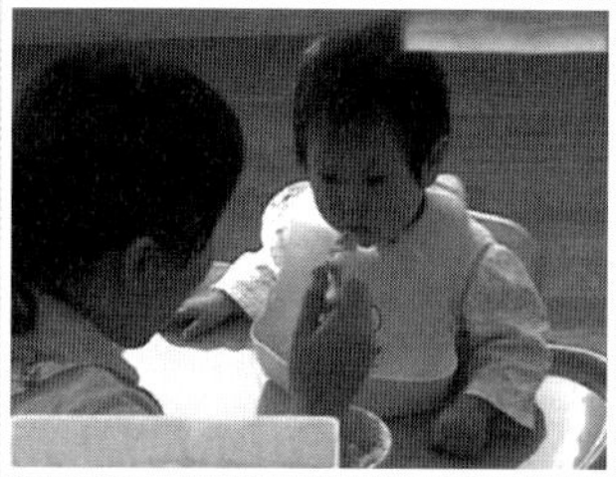
이유식 먹는 모습

출처: 보건복지가족부(2008).

수유 및 대변 기록지의 예는 〈표 3-6〉과 같다.

〈표 3-6〉 **수유 및 대변 기록지**

이름		연령		날짜	
항목	수유		대변		낮잠	
	시간	양	시간	정도	취침시간	기상시간
기록						

(2) 점심 및 간식 지도

영유아의 발달 정도에 따라 점심과 간식을 제공하고 보육교사는 이를 지도해야 한다. 대체로 8~10개월이 되면 고형식을 먹기 시작한다. 하지만 아직 혼자서 잘 먹지 못하여 교사가 도와주어야 하고, 올바른 식습관을 형성하기 위하여 교사의 식사 지도가 필요하다.

영유아가 어린이집에 머무는 시간은 대체로 길기 때문에 영양적으로 충실하고 균형 잡힌 식사를 제공해야 한다. 영유아는 에너지 소모가 많기 때문에 점심 이외에 오전과 오후 두 차례 간식을 제공해야 하며, 오전 7시경 오는 영아들의 경우에는 아침까지도 제공해야 한다.

간식과 점심시간은 영양학적인 측면의 고려뿐 아니라 영유아의 올바른 식습관 및 식사예절과 위생개념이 형성되도록 지도해야 한다. 이러한 지식이 이후의 생활에 있어서도 바른 식습관을 발달시키고, 영양과 식품에 대한 올바른 지식을 배워 건강한 신체를 스스로 유지할 수 있는 기초를 형성하게 될 것이다. 학기 초에는 스스로 음식을 먹고 정리하는 것이 잘 안 될 수 있으나, 점차 1년을 지내면서 먹기 전에 교사가 지시하지 않아도 스스로 손을 닦고, 먹기 싫은 음식 먹는 것도 조금씩 시도해 보고, 음식을 입에 물고 말을 하지 않으며, 다 먹은 후 자신의 자리와 그릇 등을 정리할 수 있게 된다. 다음은 음식을 먹는 영아에게 탐색의 기회를 제공하는 장면이다.

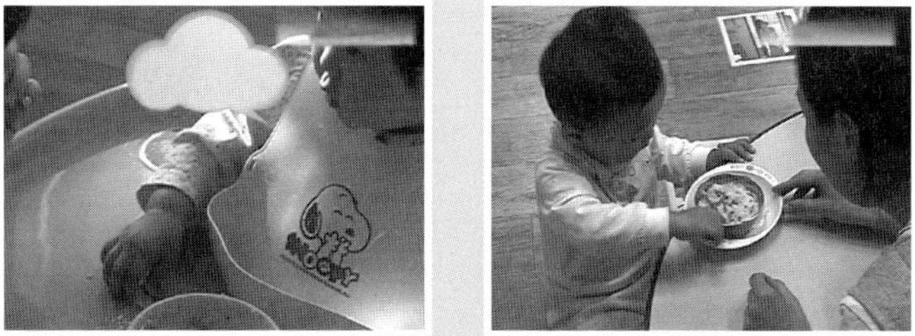

식사 지도

출처: 보건복지가족부(2008).

식사 지도방법 및 유의사항

- 영유아들이 다양한 식품의 종류와 이름에 관심을 갖고 식품의 형태, 맛, 색을 살려서 음식을 경험할 수 있도록 준비한다.
- 영유아가 건강한 신체를 유지하기 위해서는 우리 몸이 필요로 하는 음식물을 선택하여 골고루 적당히 먹어야 한다는 점을 이해시키고 실천하도록 강조한다.
- 영유아가 바른 식습관을 익히도록 한다. 바른 식습관에는 음식의 선호 넓히기, 음식물을 소중히 하기, 음식과 관계되는 위생습관 형성하기, 식사예절 형성하기 등이 포함된다. 따라서 영유아가 음식을 골고루 먹기, 새로운 음식 먹어 보기, 식사 전·후에 손 씻기, 밥과 반찬 골고루 먹기, 꼭꼭 씹어 먹기 등을 실천하도록 도와준다.
- 간식이나 점심을 준비할 때 손, 탁자, 책상 등을 깨끗하게 닦도록 하고 가능하면 유아들에게 식사준비를 돕도록 한다.
- 식사시간은 음식섭취 이외에 사교의 장임을 인식하고 다른 사람들과 즐겁게 이야기를 나누면서 식사하는 습관을 갖도록 돕는다.
- 편식을 하지 않도록 지도하고 식사예절을 지키도록 지도한다.
- 식습관과 식사예절에 관한 내용을 자연스럽게 일상생활에서 지도한다.

3) 배변 지도

(1) 기저귀 갈기

기저귀 갈기와 배변훈련은 영아 보육의 중요한 일과다. 기저귀를 갈 때는 가정과 같이 편안함을 느끼면서 기저귀를 갈도록 배려해 준다. 특히 교사가 기저귀를 갈 때 더럽다는 생각으로 얼굴을 찡그리면 영아들에게 수치감을 형성하게 할 수 있으므로 밝은 표정으로 해야 한다. 다음은 기저귀를 갈 때 교사가 유의해야 할 사항이다(보건복지가족부, 2008).

기저귀 갈기 방법과 유의사항

- 기저귀를 가는 일정한 장소를 정해 놓고 위생적으로 관리한다.
- 기저귀를 가는 장소 근처에 영아가 흥미를 가질 수 있는 그림이나 모빌을 달아 주고, 기저귀를 갈 때는 손에 장난감을 쥐어 주면 좋다.
- 월령이 낮을수록 수시로 기저귀를 갈아 주고, 기저귀를 가는 동안 영아와 눈을 맞추며, 이야기를 해 주고, 노래를 불러 주면 기저귀 갈기가 놀이처럼 즐거운 경험이 될 수 있다.
- 기저귀, 물휴지, 발진 크림 등 기저귀 가는 데 필요한 모든 준비물은 쉽게 사용할 수 있도록 가까이에 준비해 둔다. 기저귀를 가는 동안 물품을 가지러 다른 곳에 가면 사고가 발생할 수 있다.
- 기저귀 갈기 전후에 교사는 반드시 손을 씻고, 영아의 배변 상태를 보고 건강상태를 점검한다. 기저귀를 갈 때 가급적 물로 깨끗하게 씻어 주어 청결하고 쾌적함을 느낄 수 있도록 한다.
- 개개인의 시간표에 맞추어 수시로 기저귀를 점검해 주고 수유 이후, 낮잠 자기 전에 반드시 기저귀를 갈아 주어야 한다.
- 영아의 건강상태가 좋지 않은 경우는 물론이고 평상시에도 기저귀를 간 횟수와 대변의 상태 등을 기록하여 귀가 시 부모에게 알려 준다.
- 교사는 유아의 기저귀를 갈아 주면서 더럽다는 생각을 갖지 말아야 한다.

기저귀 갈이대의 모습

출처: 보건복지가족부(2008).

앞의 기저귀 갈이대의 모습 사진 중 왼쪽은 교사가 서서 기저귀를 갈 수 있는 것으로서 기저귀 갈이대 가장자리에는 보호대가 설치되어 영아들이 안전하게 보호되며, 기저귀갈이 용품, 쓰레기통, 손 소독기 등 관련 용품들이 한꺼번에 같은 장소에 있어서 편리하게 사용하도록 되어 있다. 그리고 오른쪽 기저귀 갈이대의 모습 사진은 교사가 바닥에 앉아서 기저귀를 가는 것으로서 기저귀 갈이대 위에 모빌을 달아 기저귀를 가는 동안 영아가 보도록 하며, 옆에는 거울을 설치하여 스스로 신체탐색을 할 기회를 제공한다. 기저귀 갈기 절차는 다음과 같다.

기저귀 갈기 절차

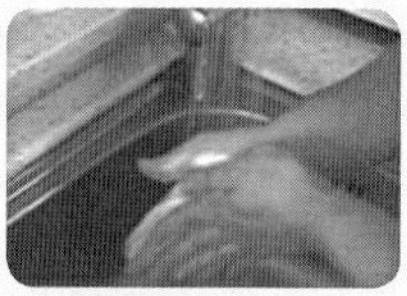	1. 교사는 비누로 손을 깨끗이 씻는다.	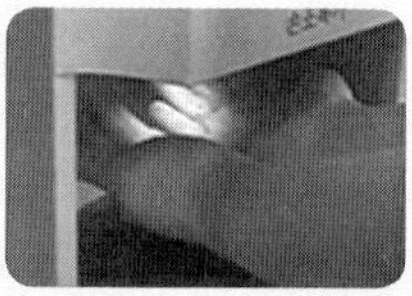	2. 손 소독기를 사용하여 손을 소독해 준 뒤 말린다.
	3. 위생장갑을 착용한다. 위생장갑에도 소독액을 뿌려 소독한다.		4. 소독액을 매트에 뿌려 매트를 소독해 준다.
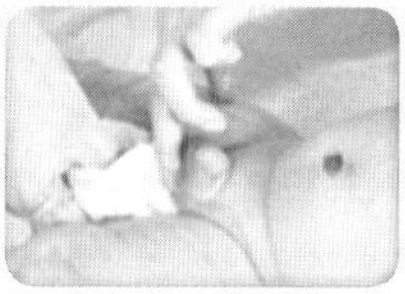	5. 1회용 물휴지를 이용하여 영아를 깨끗이 닦아 준다.		6. 버리는 기저귀와 종이 타월은 전염을 막기 위해 비닐봉지에 넣어 묶어서 바로 버린다.
	7. 영아가 대변을 보았을 경우에는 흐르는 물을 이용하여 깨끗이 씻어 준 뒤, 말려 준다.		8. 새 비닐장갑을 착용한다.
	9. 영아에게 새 기저귀를 채워 준다.	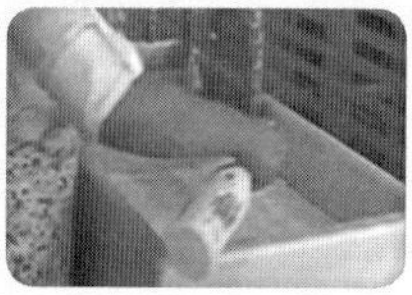	10. 매트에 소독액을 뿌리고 닦아 준다.

출처: 보건복지가족부(2008).

(2) 배변훈련

대소변 가리기는 영아의 괄약근이 충분히 발달하여 대소변을 모았다가 방출할 수 있도록 괄약근 통제가 가능해야 한다. 인지적 성숙도 대소변 가리기에 매우 중요하게 작용하는데, 영유아가 배변 욕구를 느끼고 화장실에 가야 한다는 것을 깨달아야 한다. 처음에는 기저귀를 차고 있도록 하고 대변 혹은 소변을 할 시간이 되었다고 판단되면 아이에게 대소변이 하고 싶은지 물어보고 기저귀를 풀고 변기에서 하도록 지도한다. 이는 자신의 배변 욕구를 느끼는 데 도움이 된다. 대변과 소변은 남녀에 따라 약간의 차이가 있으며 영유아마다 개인차가 있음을 명심해야 한다. 평균적으로 18~24개월이 되면 대부분 배변훈련을 시작할 수 있다. 일찍 시작하면 기간이 오래 걸리고 영유아가 스트레스를 많이 받으며, 늦게 시작하면 기간이 짧게 걸린다.

대소변 가리기를 해야 하는 영아들은 먼저 변기 사용에 대한 두려움을 없애고 변기에 대해 익숙해지도록 해야 한다. 예를 들어, 의자에 앉듯이 변기에 앉아 보도록 한다. 이동식 변기를 가까이 두고 앉아서 놀기도 하여 변기와 친숙해지도록 하는 것이 좋다. 어떤 영아는 변기에 앉아서 힘을 주다가도 막상 변은 변기를 내려와야 편안하게 나오는 경우도 있다. 따라서 변기에 앉아 있는 것이 불안하지 않아야 한다.

처음에는 옷을 입은 채로 앉았다가 옷을 벗고 앉아 본다. 인형을 변기에 앉혀 보기도 하고, 옷을 벗어 아래로 내리기, 변기에 앉기, 용변 보기, 일어나기, 옷 입기, 물 내리기 등의 순서를 재현해 본다. 대개 훈련에 걸리는 시간은 약 3개월이므로 여유를 가지고 접근한다. 강압적인 훈련이 되어 스트레스를 받지 않도록 주의한다. 배변에 대해 조금의 관심을 가지기 시작하는 것에도 칭찬을 해 주며 시도에 대해 격려해 주어 자신감을 갖도록 한다.

대부분의 영아들이 만 2세가 지나면서 대소변을 가리게 된다. 기저귀를 차지 않고 보육시설에서 하루일과를 보내는 것이 가능하기는 하지만 아직까지는 자주 실수하므로 교사의 따뜻하고 너그러운 태도가 요구된다. 영아가 배변 의사를 표현하고 시도하는 것에 대해 격려해 주고 자신감을 갖도록 한다. 실수했을 때 수치감을 느끼지 않도록 핀잔을 주지 말아야 하며, 더럽다는 생각을 버리고 찡그린 표정을 하지 않아야 한다.

배변훈련 지도방법과 유의사항

- 신체적 성숙이 충분히 이루어질 때까지 기다린다.
- 자신의 배변 욕구를 느낄 수 있도록 인지적으로 성숙해야 한다.
- 영유아마다 개인차가 있음을 명심하고 독촉하지 않는다.
- 대변을 더 먼저 가리고, 주간 소변 가리기, 야간 소변 가리기의 순서로 한다.
- 변기에 친숙해지도록 여러 가지 방법을 동원한다. 즉, 이동식 변기에 앉아 있도록 하고, 이동식 변기 및 화장실 변기 주변을 영유아가 좋아하는 것으로 꾸며 주도록 한다. 혹은 인형을 사용하여 대소변 가리기 절차를 해 보도록 한다.
- 실수했을 때 핀잔을 주지 말아야 한다.
- 강압적인 훈련이 되지 않도록 여유를 가진다.

(3) 화장실 가기

영유아가 화장실을 다녀오는 것은 하루일과 중 수시로 일어나며 개별적인 배려가 필요하다. 교사들이 언제라도 영유아들의 요구에 즐겁게 응하고 있다는 분위기를 느껴야 영유아는 편안하게 자신의 배변 욕구를 표현한다. 또한 영유아가 놀이에 몰두하고 있을 때는 화장실에 가고 싶은 신호를 인식하지 못할 때도 있다. 교사는 영유아의 표정이나 자세 등을 민감하게 파악하여 영유아가 화장실에 갈 시간인가를 판단해서 다녀오도록 한다. 예를 들어, 두 다리를 꼬고 있다거나, 의자에 편안히 앉지 못하고 안절부절못하는 자세이거나, 얼굴이 빨개지는 등의 표현은 화장실에 가고 싶은 것일 수 있으니 그들에게 물어보고 화장실을 다녀오도록 배려하여야 한다.

화장실 가는 시간을 정해 놓고 모두 가는 것은 어린 영아에게는 어려운 일이나 일반적으로 정리정돈 시간 후, 점심 · 낮잠시간 후, 자유선택활동 시간 등에 화장실에 가도록 지도한다. 어린 영유아는 놀이에 몰두해서 화장실에 가고 싶은 것을 잊고 있다가 화장실까지 참고 가기 어려운 경우가 생기므로 화장실이 교실에 딸려 있어 쉽게 갈 수 있어야 한다. 바른 위생습관을 갖게 하기 위해서 화장실에 세면대를 두어 배변 후 꼭 손을 깨끗이 씻도록 지도한다.

화장실 가기 지도방법과 유의사항

- 영유아들에게 변기 사용법, 배변 후 물 내리는 것과 휴지 사용법 등을 알려 주고 화장실이나 의복을 더럽히지 않는 방법을 습득하도록 도와준다.
- 학기 초의 배변 실수는 옷을 벗는 데 시간이 오래 걸리는 상황 때문일 수 있으므로 벨트나 지퍼 등이 있는 옷보다는 유아가 혼자 입고 벗기 편한 옷을 입혀 보내도록 부모들에게 협조를 구한다.
- 교사는 개인조사서를 통해 유아의 용변 습관을 파악하고 어린이집에서 새로 습득한 내용은 부모들에게 수시로 알려서 가정에서도 일관성 있는 배변습관 형성을 도울 수 있도록 한다. 또한 유아가 실수했을 때 갈아입힐 여벌의 옷을 가정에서 보내 주도록 하여 항시 비치해 둔다.
- 교사는 화장실에서 용변을 보기 전과 본 후의 모든 과정을 쉽게 그림으로 그려서 순서대로 벽면에 붙여 두고 유아가 보고 따라 할 수 있도록 한다. 화장실 바닥은 유아들이 미끄러지지 않게 물기를 닦아 주며 매일 청소하고 소독해서 청결상태를 유지해야 한다.

4) 청결 및 정리정돈

(1) 손 씻기

올바른 손 씻기와 이 닦기는 영유아들의 건강관리에 필수적인 활동이다. 특히 여러 명의 영유아가 함께 생활하는 보육시설에서 감염을 예방하고 위생을 지키기 위해서는 손을 자주 씻고 청결하게 유지하도록 지원하는 일이 필요하다. 손이 더러워졌을 때뿐 아니라 오전과 오후에 규칙적으로 손을 씻도록 하면 감염을 줄이는 데 도움이 된다. 특히 음식을 먹기 전, 실외 활동 후에는 손을 꼭 씻도록 한다. 요즈음은 손소독기를 가까이 두고 영유아와 교사가 사용하여 청결을 유지하기도 한다.

손 씻기에 있어서 대부분의 영유아는 물을 손에 묻힌 후, 제대로 씻지 않고 수건에 닦는 경우가 많다. 따라서 적절하게 손 씻기를 하는 방법을 지도하여야 한다. 적절한 손 씻기 지도방법과 유의사항은 다음과 같다.

손 씻기 지도방법과 유의사항

- 손 씻으라는 말만 할 것이 아니라 교사가 손 씻는 동작을 보여 주면서 설명하고 씻도록 한다.
- 뜨거운 물에 대한 안전지도를 하고 어린 영유아들은 더운 물이 너무 뜨겁게 나오지 않도록 설치해 두어 사고를 예방한다.
- 바닥에 물기가 있으면 미끄러질 위험이 있으니 항상 건조한 상태를 유지한다.
- 정해진 시간에 손을 씻는 습관을 기른다(식사 전 · 후, 배변 후, 실외 놀이 및 산책 후 손 씻는 습관 기르기).

(2) 이 닦기

영아나 유아 모두 점심을 먹은 뒤에는 이 닦기를 실시해야 하는데 영아의 경우 이가 나지 않았기 때문에 삶아서 식힌 가제 수건을 교사의 손에 감아서 영아의 잇몸을 살살 닦아 주어야 한다. 이가 나기 시작한 영아는 실리콘 칫솔을 사용하여 이를 닦아 주고 잇몸을 마사지 해 준다. 만 1세 영아의 경우 영아용 치약을 사용하여 영아 스스로 이를 닦아 보는 기회를 주고, 교사가 이후에 다시 한 번 잇몸을 살살 닦아 준다. 만 3, 4세 유아의 경우 칫솔을 가지고 스스로 이를 닦도록 한 후, 교사가 다시 이를 골고루 닦아 준다. 만 5세의 경우 유아 스스로 이를 닦을 수 있다. 그러나 유아에게만 맡겨 두면 아직 이 닦기를 적절하게 하지 못하기 때문에 충치가 생기기 쉽다. 따라서 유아가 이 닦기를 할 때 어느 부분을 어떻게 닦아야 하는지 옆에서 구체적으로 지적하면서 도와주어야 한다.

연령별 이 닦기 도구와 지도방법

	가제 수건/1회용 이 닦이 아직 이가 나지 않은 아이의 잇몸과 혓바닥을 닦아 준다.	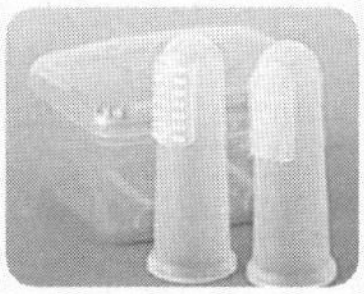	핑거 칫솔 이가 나기 시작하는 6개월부터 성인의 검지손가락에 끼운 다음 입 안 구석구석을 닦아 준다.
	교육용 칫솔 이가 나고 2~3개월이 지나면 영아가 직접 쥐고 칫솔질을 하도록 한다.	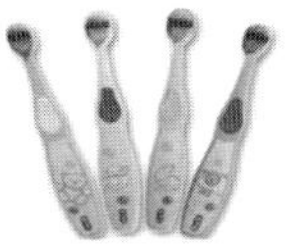	유아용 칫솔 처음에는 영유아가 양치한 후, 잘 닦아지지 않는 부분을 지적하며 닦아 준다.

(3) 정리정돈 및 전이활동

정리정돈 시간은 어린이집에서 하루 중 여러 번, 오전과 오후의 실내 자유선택 활동이나 대 · 소집단 활동을 마무리 지으면서 영유아 자신이 사용한 놀잇감이나 자료를 제자리에 정리할 때, 실외 놀이를 정리할 때, 점심 후나 낮잠 후 정리할 때, 그리고 하루의 일과 활동을 마치고 집으로 귀가하기 전에 이루어진다.

조금 더 성숙한 유아들은 앞에서 기술한 전체적인 정리정돈 시간 외에 자신이 놀이를 끝내고 다른 놀이로 전이할 때 개별적으로 놀잇감을 정리하고 그 자리를 떠나도록 하며, 자신이 만든 자료나 옷 등을 사물함에 가져다 넣도록 하는 개별적인 정리정돈과 활동이 끝난 후에 모든 아동이 동시에 가지게 되는 전체적인 정리정돈으로 나누어진다. 정리정돈 시간을 통해서 기본생활습관을 익힐 뿐만 아니라 사물의 이름과 모양을 구별할 수 있어 언어 및 수학적 능력을 기를 수도 있다. 자기 물건을 정리하는 습관은 유아에게 소유의식을 갖게 하고 자기의 것과 타인의 것을 구별하게 하며 서로 협동하는 생활을 배우게 하는 등 여러 가지 의미가 있다. 물건을 두는 장소를 일정하게 하고, 장이나 상자 주변에 그림 등으로 표시를 해 두면 영유아들도 각각의 물건 두는 장소를 기억하고 제자리에 놓을 수 있게 된다.

정리정돈 지도방법 및 유의사항

- 전체 정리정돈 시 영유아가 사용하기 적합한 크기의 빗자루, 걸레, 쓰레기통 등 필요한 물품을 비치하는 장소를 일정한 자리에 마련해 둔다.
- 선반 위에 놀잇감과 동일한 사진을 붙여 두거나 밑그림을 붙여 주어 영유아가 좋아하는 놀잇감을 항상 같은 자리에서 찾고 또한 정리하기 쉽도록 한다.
- 정리 시간이 5~10분쯤 남았다는 것을 모든 영유아들에게 알려 주어 새로운 놀이를 시작하지 않고 영유아 스스로 자신의 놀이를 마무리할 시간을 주도록 한다.
- 정리할 것이 많은 영유아에게는 개별적으로 언제가 치우는 시간인가를 미리 알려 주어 놀이를 더 확장하지 않도록 한다.
- 전체 집단에게 정리정돈을 알릴 때에는 신호 노래나 벨 소리 등을 사용하여 그것에 익숙해지도록 한다.
- 정리정돈에 시간이 많이 필요한 영역에 가서 도와주되, 전체 보육실의 정리정돈 상황을 수시로 체크하여 손이 더 필요한 영역으로 유아들을 보내어 서로 도와주도록 격려한다.

• 영유아들이 작품을 완성했을 때는 전시할 공간을 마련해 주고, 아직 완성하지 않았을 때는 다음날 연계해서 활동할 수 있도록 격려한다.

사진을 찍어 붙여 놓은 소꿉놀잇감

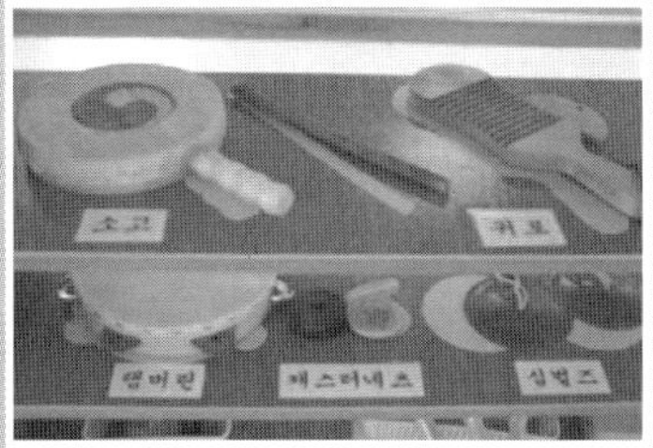
악기 밑그림을 그려 놓은 악기장

출처: 보건복지가족부(2008).

5) 낮잠과 휴식

영유아에게 수면이란 에너지를 축적하는 수단으로서 수면을 통해 휴식을 취하고 새로운 활동을 할 수 있는 힘을 저장하게 된다. 영유아가 규칙적으로 수면을 취하지 못하면 생활의 리듬이 깨져 정서적으로 불안정하게 되며 식사나 대소변 가리기와 같은 다른 생활습관도 균형이 깨진다. 수면은 영유아의 연령과 개인 체질 및 특성에 따라 차이가 난다. 영아들은 밤잠만으로는 충분하지 않아 낮잠을 자야 한다. 영유아는 개인적인 차이가 있지만 대체로 만 5세까지 낮잠을 잔다.

교사는 영유아들이 낮잠뿐 아니라 하루 중 중간중간에 개별적 휴식을 취하도록 공간을 마련해 주어야 한다. 낮잠과 휴식은 오전의 활동으로 인해 쌓인 피로를 풀게 하고, 활기차게 오후 보육활동에 참여하게 하며, 면역력을 높여 준다. 또한 영유아가 잠을 자는 동안 뇌세포가 쉬게 되고, 기억을 재정비하며, 이 과정에서 영유아의 기억력이 강화되기도 한다.

보육실에서 낮잠이나 휴식이 이루어질 때는 간이침대나 요를 사용하고 침대와 개인침구를 보관할 수 있는 장을 준비한다. 간이침대나 요를 사용할 때는 교구장과 거리를 두어 배치하고 커튼을 이용하여 밝기를 조절하여 아늑한 분위기를 마련한다. 활동 중에 자연스럽게 휴식을 취할 수 있도록 교실 한편에 조용한 휴식 공간을 마련해 주는 것이 좋다.

낮잠과 휴식 지도방법과 유의사항

- 나이 어린 영아는 낮잠과 휴식에 대한 요구가 다르기 때문에 서로 다른 시간에 낮잠과 휴식이 필요할 경우 서로 방해되지 않도록 수면실을 따로 구성한다.
- 어린 영아의 경우, 잠자기 전의 버릇, 잠들기까지 걸리는 시간, 잠버릇 등의 수면습관을 미리 염두에 두어 편하게 잘 수 있도록 돕는다.
- 잠투정이 심한 영아는 부드럽게 안아 주고, 침착해지도록 낮은 목소리로 자장가를 불러 주거나 등을 토닥거려 다른 영아를 방해하지 않고 잠을 청할 수 있도록 도와준다.
- 매트와 이불, 베개 등을 개별적으로 준비하고 잠자는 시간이 안락한 시간이 되도록 하며, 영유아의 정서적 안정감을 위해 개인 담요, 베개, 인형 등의 개인적인 물건을 허용한다.
- 커튼을 내리거나 조용한 음악을 틀어 주는 등 영유아들이 편안하게 쉴 수 있는 환경을 조성한다.
- 미리 편안하고 정적인 그림책을 준비하여 잠자기 전에 읽어 주고 좋은 꿈을 꾸며 자라고 인사를 한다.
- 나이 든 유아 중 낮잠 자는 시간을 원하지 않는 유아가 있을 수도 있으므로, 낮잠을 자지 않는 유아는 조용하게 휴식을 취하도록 한다.
- 먼저 깬 영유아가 놀라지 않도록 달래 주고, 기저귀를 갈아 준다. 잠자는 다른 영유아에게 방해가 되지 않도록 다른 영역으로 데리고 가서 책을 읽어 주거나

조용한 놀이를 함께 한다.

- 교사는 영유아가 잠에서 깨어 일어나면 서둘러 뭔가 하려고 하기보다 자신의 에너지를 다시 회복할 때까지 기다려 준다.
- 나이 든 유아는 잠을 깨고 나면 각자의 침구를 정돈하고 화장실을 다녀오게 한다. 그리고 잠옷이나 땀에 젖은 옷 등은 갈아입을 수 있도록 도와주고, 머리를 빗거나 옷매무새를 단정하게 할 수 있도록 한다.
- 영유아들이 낮잠을 자는 시간 동안에 적어도 한 명의 교사는 잠자는 영유아들의 상태나 자세를 계속 살펴보아야 한다.

6) 귀가 지도 및 가정과의 연계

귀가 시간은 교사와 부모가 하루일과에 대한 정보와 의견을 나누는 시간이며, 영유아에게는 부모와 다시 만나는 시간이다. 영유아가 어린이집에서 하루를 어떻게 보냈는지에 대한 일과 보고와 가정에서의 연계 지도를 위한 의견교환 등 여러 가지 일들이 일어난다. 하루를 보낸 어린이들이 안전하게 귀가할 수 있도록 교사는 다음과 같은 역할을 한다.

귀가 지도방법 및 유의사항

- 교사는 영유아가 어린이집에서 지내는 동안의 심리상태, 수유, 이유식, 점심과 간식 섭취, 낮잠 시각 및 시간, 배변 여부 및 상태 등에 대해 일일 보고서에 자세히 기입한다.
- 개별 영유아들이 하루의 일과를 정리하고 즐거운 마음으로 부모님을 만날 수 있도록 정서적인 지지를 해 준다.
- 귀가 전 영아의 소지품(우유, 우유병, 갈아입은 옷, 활동 결과물 등)을 집에 가져갈 수 있도록 준비하고, 유아에게 스스로 소지품을 챙길 수 있도록 지도한다.

- 영아의 경우는 얼굴과 손을 깨끗이 씻어 주고 옷을 갈아입혀 주며, 유아의 경우는 옷을 입고 준비하도록 충분한 시간을 주고 지도한다.
- 하루일과, 특이사항(식사량, 수면시간, 다친 곳 등), 공지사항 등과 같이 부모님께 전달할 내용을 미리 정리하여 준비한다.
- 귀가 시 부모와 만나 해당 영유아의 하루일과에 대해 정보를 교환하고, 부모를 만나지 못할 경우에는 일일 보고서를 통해 정보를 얻을 수 있도록 한다.
- 영유아와 헤어질 때 스킨십과 인사로 친밀감을 유지하고 다음 날 기쁜 마음으로 만날 것을 약속한다.
- 하원하는 과정에서 보호자가 영유아를 혼자 두어 어린이집 외부로 먼저 나가거나 위험한 행동을 하지 않는지 살펴본다. 귀가 지도가 이루어진 후에는 영유아의 안전에 대한 책임이 보호자에게 있음을 알린다.
- 영유아가 약속된 보호자와 함께 귀가하는지를 반드시 확인한다.

4. 연령별 일과운영

어린이집의 일과운영은 영유아의 연령에 따라 다르게 계획되고 실행된다. 각 연령별 일과운영 계획은 표준보육과정에 근거한 보육프로그램을 참고하면 된다. 여기서는 만 3세 미만 영아반 일과운영의 특성과 만 3세 이상 유아반 일과운영의 특성을 살펴보고, 각각의 활동에 대하여 연령별 특성을 고려하여 설명한다.

표준보육과정과 그에 근거한 보육프로그램은 중앙육아종합지원센터로 접속하여 표준보육과정을 클릭한 후 원하는 표준보육과정을 다운받아 활용하면 된다(http://www.central.childcare.go.kr).

1) 영아반의 일과운영

영아반 일과운영은 영아의 발달적 특성으로 인하여 그 계획과 교사의 역할이 유아의 경우와 매우 다르다. 특히 출생부터 만 2세까지 영아의 발달 속도가 현저하게 빠르기 때문에 만 0세반, 만 1세반, 만 2세반의 일과구성이 다를 수밖에 없다. 표준보육과정에 근거한 보육프로그램에서 제시하는 각 연령별 하루일과의 구성은 〈표 3-7〉과 같다. 다음과 같은 일과운영을 계획하더라도 개별 영유아의 연령과 특성에 따라, 혹은 어린이집의 원아 분포에 따라 융통성 있게 운영하면 된다.

영아반에서의 일과는 일상생활의 돌봄과 교육적 경험의 제공으로 구성된다. 어린이집에서 영아들의 하루일과는 등원에서부터 시작하여 귀가시간까지 가정에서와 같이 식사, 낮잠, 대소변, 씻기 등의 양육활동으로 이루어지고, 실내에서의 놀이활동과 실외 산책 혹은 실외 놀이활동을 하면서 보육교사와의 상호작용을 통한 다양한 교육적 활동도 여기에 포함된다.

만 0세반 영아는 수유 혹은 이유식 등의 식사 관련 양육활동, 기저귀 갈기, 씻기 및 양치, 대소변과 청결 관련 양육활동, 낮잠 및 휴식 등의 양육활동이 많은 부분을 차지한다. 그러나 그 외의 시간에는 보육교사의 보육활동 계획에 따라 실내에서 놀이활동을 하고 실외 나들이 혹은 산책을 하면서 영아의 최적의 발달을 도모한다.

만 1세반의 영아는 수유 대신에 간식과 점심을 먹고, 활동 후에는 정리정돈하기를 시작하며, 실외 활동은 단순한 산책으로부터 놀이활동으로 바뀐다. 만 2세반 영아는 대소변 가리기를 하면서 화장실 가기가 하루일과에 포함되며, 스스로 정리정돈을 하면서 손유희나 노래 등의 전이활동을 한다. 만 3세 이전의 영아들도 연령이 높아짐에 따라 놀이활동의 시간이 점점 많아지고, 특히 실외 놀이활동이 증가한다.

〈표 3-7〉 만 0세반, 만 1세반, 만 2세반 하루일과 구성

<table>
<tr><th>시간</th><th>만 0세 영아</th><th>만 1세 영아</th><th>만 2세 영아</th></tr>
<tr><td rowspan="2">7:30~9:00</td><td rowspan="2">등원 및 맞이하기</td><td>등원 및 조용한 놀이</td><td rowspan="2">정리정돈 및 손 씻기</td></tr>
<tr><td>등원 및 실내 자유놀이</td></tr>
<tr><td rowspan="2">9:00~9:30</td><td rowspan="2">이유식, 오전 간식 및
기저귀 갈기, 씻기</td><td rowspan="2">오전 간식 및
기저귀 갈기,
화장실 다녀오기</td><td>화장실 가기 및
손 씻기</td></tr>
<tr><td rowspan="2">오전 간식</td></tr>
<tr><td>9:30~10:30</td><td>오전 실내 자유놀이</td><td rowspan="2">오전 실내 자유놀이 및
정리정돈, 기저귀 갈기
화장실 다녀오기</td></tr>
<tr><td>10:30~11:00</td><td>오전 수유 및
낮잠 준비</td><td>오전 실내 자유놀이
정리정돈 및 전이활동</td></tr>
<tr><td>11:00~12:00</td><td>오전 낮잠</td><td>실외 자유놀이 및 산책</td><td>오전 실외 자유놀이</td></tr>
<tr><td rowspan="2">12:00~13:00</td><td rowspan="2">점심식사(수유/이유식)
및 기저귀 갈기, 씻기, 이
닦기</td><td>손 씻기, 점심식사</td><td rowspan="2">점심 준비 및
점심식사
이 닦기 및 화장실가기</td></tr>
<tr><td>전이활동 및
기저귀 갈기</td></tr>
<tr><td>13:00~14:00</td><td>오후 실내 자유놀이</td><td rowspan="2">낮잠 및 휴식
잠자리 정리 및
화장실 다녀오기</td><td rowspan="2">낮잠 준비 및 낮잠
화장실가기</td></tr>
<tr><td>14:00~15:30</td><td>오후 수유(간식) 및
오후 낮잠</td></tr>
<tr><td>15:30~16:30</td><td>기저귀 갈기,
손발 닦기,
오후 간식(이유식)</td><td>오후 간식 및 정리</td><td>손 씻기 및 오후 간식</td></tr>
<tr><td>16:30~17:30</td><td>오후 실내 자유놀이</td><td rowspan="2">오후 실내외 자유놀이
기저귀 갈기
몸단장하기</td><td>오후 실내외
자유놀이활동</td></tr>
<tr><td>17:30~18:30</td><td>저녁 수유 및
오후 낮잠</td><td rowspan="2">조용한 놀이 귀가 준비 및
순차 귀가</td></tr>
<tr><td>18:30~19:30</td><td>세면 및 귀가 지도</td><td>통합 보육 및 하원</td></tr>
</table>

영아반 보육교사의 역할

- **일상생활의 양육**: 어린이집에서는 영아들의 영양, 수면, 배변 등의 생리적인 측면에서의 돌봄을 제공한다. 교사는 영아의 등원 및 맞이하기로 시작하여 신발과 옷 벗기, 손 씻기와 양치하기, 간식과 식사하기, 기저귀 갈기와 대소변 가리기, 낮잠 및 휴식하기 등의 일상적 양육을 제공한다. 전반적으로 가정과 같이 편안한 마음으로 어린이집에 머물 수 있도록 따뜻하고 친밀한 관계를 유지해야 하고 안전한 환경을 제공해야 한다.
- **교육적 경험**: 어린이집 교사들은 영아들에게 일상생활에서의 돌봄뿐만 아니라 좋은 교육적 경험을 제공해야 한다. 영아의 발달 및 사회적인 요구에 적합한 놀이활동을 제공하고, 그들과 상호작용하며, 더 나은 발달단계로 진보하도록 지지해 주어야 한다. 즉, 교사는 놀이에 관심 보이기, 칭찬하기나 격려해 주기, 소품 및 아이디어 제공하기, 놀이에 참여하기, 결과물을 전시하기나 사진 찍어 주기, 질문하기, 흥미 유도하기 등을 통해서 영아들의 놀이를 지도하고 지원해 주는 역할을 한다. 적절한 개입은 영아의 놀이를 발전시키고 확장시키는 데 도움을 준다.
- **관찰 및 평가**: 교사는 하루일과를 통해 영아들을 관찰하고 이를 바탕으로 영아를 평가하는 역할을 한다. 영아의 관찰은 다양한 방식을 활용할 수 있으며, 어린이집 교사는 영아에 대한 평가뿐만 아니라 자신의 교육계획의 수행을 점검하여 보육 목표 달성 여부를 확인해야 한다.

영아들은 하루하루의 일상적 돌봄 속에서 탐색과 놀이를 하며 나날이 발달해 나간다. 교육은 바람직한 돌봄과 분리할 수 없으며, 바람직한 돌봄 속에서만 교육이 이루어진다는 확신을 가지고서 영아들과 보내는 일과의 다양한 상황 속에서 끊임없이 상호작용을 해야 한다. 영아들의 일과 모든 순간들은 교육적 가치가 풍성하다. 영아들의 경험과 관심사를 중심으로 이루어지는 주제 중심의 통합적인 활동은 놀이와 일상적 양육 속에서 드러난다. 유능한 교사라면 자신이 세웠던 계획을 포기하고 영아들의 관심사나 행동에 따라 융통성 있게 활동을 변화시켜야 한다.

교사는 영아의 등원 맞이하기로 시작하여 신발과 옷 벗기, 손 씻기와 양치하기 등의 자조활동, 간식과 식사하기, 기저귀 갈기와 대소변 가리기, 낮잠 및 휴식하기 등의 일상적 양육, 자유롭게 탐색하기, 놀이하기, 실외 놀이하기, 산책하기 등의 교육적 활동, 영아의 귀가 후 가정에서의 생활을 지원하는 부모와의 협력에 이르기까지 다양한 활동 속에서 끊임없이 상호작용을 해야 한다.

2) 유아반의 일과운영

만 3세 이후의 유아들을 위한 일과 구성은 영아들과는 달리 교육활동이 늘어나고, 더 세분화된다. 만 3세, 만 4세, 만 5세반 유아들을 위한 일과 구성의 예가 〈표 3-8〉에 있다. 그러나 어린이집의 특성과 유아들의 특성에 따라 융통성 있게 구성하고 운영할 수 있다.

만 3세 이후의 유아들은 자조능력이 발달함에 따라 일상 영역의 보육활동은 줄어들고 교육활동이 증가한다. 유아반에서의 일과에 식사, 낮잠, 화장실 가기, 씻기 및 양치 등의 활동은 있으나 연령의 증가에 따라 스스로 할 수 있는 능력이 높아지고 보육교사에 대한 의존율이 점점 낮아진다. 따라서 일상생활의 양육활동 시간이 줄어들고 교육활동을 위한 시간이 늘어난다. 실내에서의 놀이활동은 유아들이 스스로 선택하며, 영역이 명확히 구분되는 자유선택활동으로 바뀌고, 활동의 내용은 훨씬 더 세분화되고 심화된다.

만 3세반부터 만 5세까지 하는 자유선택활동은 그 영역이 세분화되어 쌓기, 역할, 미술, 언어, 수·조작, 과학, 음률 등으로 구체적으로 기술된다. 또한 대·소집단 활동도 많아지고 다양하게 구성된다. 만 3세반은 이야기 나누기, 문학, 음악, 신체활동을 하며, 만 4세와 만 5세는 이야기 나누기, 문학, 수·과학, 음악, 신체, 미술 등으로 구성된다. 또한 유아들이 에너지가 왕성하고 신체 운동 능력이 발달함에 따라 실외 놀이활동이 다양해지고 더욱 활발해진다.

〈표 3-8〉 만 3세반, 만 4세반, 만 5세반의 하루일과 구성

<table>
<tr><th>시간</th><th>만 3세</th><th>만 4세</th><th>만 5세</th></tr>
<tr><td>7:30~9:30</td><td>등원 및
실내 자유선택활동</td><td rowspan="2">등원 및
실내 자유선택활동
오전 간식 및 인사</td><td rowspan="2">등원 및 맞이하기
오전
실내 자유선택활동
정리정돈 및 전이활동</td></tr>
<tr><td>9:30~10:00</td><td>손 씻기
오전 간식</td></tr>
<tr><td>10:00~11:30</td><td>오전 실내 자유선택활동
정리정돈 및
화장실 가기</td><td>오전 실내 자유선택활동
정리정돈 및
자유선택활동 평가</td><td>이야기 나누기
간식 및 휴식</td></tr>
<tr><td>11:30~12:00</td><td>전이활동 및
대 · 소집단 활동</td><td>전이활동 및
대 · 소집단 활동</td><td>신체표현</td></tr>
<tr><td>12:00~12:45</td><td>오전 실외 활동 및
정리정돈</td><td>점심식사 및 이 닦기</td><td rowspan="2">점심식사 및 이 닦기
휴식 및 낮잠</td></tr>
<tr><td>12:45~13:30</td><td>점심
이 닦기 및 화장실 가기</td><td>오후 실외 활동</td></tr>
<tr><td>13:30~15:30</td><td>낮잠 준비 및 낮잠
낮잠 깨기</td><td>손 씻기 및 낮잠 준비
낮잠 및 동화</td><td>오후 실내 자유선택활동</td></tr>
<tr><td>15:30~17:00</td><td>오후 간식 및
오후 실내 자유선택활동</td><td rowspan="2">오후 간식
오후 실내외
자유선택활동</td><td>오후 간식
정리정돈 및 화장실 가기</td></tr>
<tr><td>17:00~17:50</td><td>오후 실외 자유선택활동</td><td>오후 실외 자유선택활동</td></tr>
<tr><td>17:50~19:30</td><td>귀가(통합보육)</td><td>조용한 놀이 및 귀가</td><td>귀가(통합보육)</td></tr>
</table>

유아반 보육교사의 역할

- **교육과정 설계자로서의 역할**: 보육교사는 기관이나 자신이 추구하는 철학적 관점, 유아들의 발달적 특성 및 요구, 지역적 · 문화적 상황과 표준보육과정에서 추구하는 인간상, 보육 목적, 보육 목표 및 내용을 반영하여 연간 · 월간 · 주간 · 일일 보육계획을 작성하여야 한다. 이와 관련한 구체적인 역할은 '제4장 보육실습의 기록 1. 보육계획안'에 제시되어 있으므로 이를 참고하면 도움이 될 것이다.
- **상호작용자로서의 역할**: 유아는 환경과의 적극적인 상호작용을 통해 많은 것을 학습한다. 따라서 교사는 적합한 환경 및 학습활동을 제공하고 유아가 활동에 참여할 때 효과적인 상호작용자로서 적절한 개입과 의사소통을 해야 한다. 교사는 단순한 지식의 전달자가 아니라 학습을 촉진하는 상호작용자의 역할을 적절히 수행할 수 있어야 하며, 그러한 상호작용 과정에서 유아가 스스로 문제를 해결하고 질문에 대한 답을 찾아갈 수 있도록 지원하는 역할을 해야 한다.
- **놀이 촉진자로서의 역할**: 교사는 놀이에 적합한 환경을 구성하고 필요한 자료를 제공해 주며 유아의 놀이를 세밀하게 관찰하고 교사의 도움이 필요한 시점에서 적절히 개입하여 유아가 놀이를 심화, 확장시켜 가도록 촉진하는 역할을 해야 한다. 교사가 유아의 놀이에 얼마나, 어떻게 개입하느냐 하는 개입 여부와 개입 수준은 유아 놀이의 종류나 내용, 놀이의 발달수준, 놀이하는 유아 개인과 집단의 특성 등을 토대로 결정해야 한다. 예를 들어, 유아들이 놀이를 지속하면서 더 이상 새로운 활동으로 확장시키지 못할 경우, 교사는 유아들의 놀이 장면에 놀이자로 참여하여 유아 옆에서 병행 놀이를 하면서 새로운 활동에 대한 단서를 제공할 수 있다. 그러나 그 활동에 참여한 유아들이 교사의 병행 놀이를 단서로 활용하지 못할 경우에는 보다 직접적으로 새로운 아이디어나 활동을 제안하는 방식으로 개입의 방법을 수정하는 것이 바람직하다.

- **환경구성자로서의 역할:** 환경구성자로서의 역할에 대해서는 이 장의 '5. 보육환경의 구성'에서 구체적으로 제시하였으므로 이를 참고하면 도움이 될 것이다.
- **기본생활습관 지도를 돕는 역할:** 유아기는 기본생활습관이 형성되는 중요한 시기로 매일의 생활을 통해 그리고 놀이 상황을 통해 건강한 생활, 안전한 생활, 바른 생활에 대한 올바른 태도와 습관을 형성하도록 도와주어야 한다. 이와 같은 역할을 수행하기 위해서 보육교사는 표준보육과정에서 제시하고 있는 기본생활 영역의 목표, 내용 및 수준, 교사 지침을 숙지하는 것이 필요하다.
- **관찰자 및 평가자로서의 역할:** 보육교사는 유아의 일상생활과 놀이활동 속에서 유아의 행동을 관찰하고 평가함으로써 유아의 발달 상황을 파악할 수 있고, 그것을 기초로 유아에게 적절한 지원을 제공할 수 있다. 따라서 유아를 제대로 보육·교육하기 위해서 보육교사는 항상 유아의 건강상태, 행동, 생각, 느낌 등을 세밀하게 관찰하여 기록하고, 그것에 기초해 상호작용해야 한다. 보육기관에서 교사가 유아들과 상호작용하면서 지속적으로 관찰하고 기록하는 일은 쉽지 않으나, 적절한 관찰 시간을 정하여 각 유아의 놀이 상황을 객관적으로 관찰하려고 노력해야 한다. 이와 관련한 구체적인 역할은 이 장의 '1. 영유아 관찰'에 제시되어 있으므로 이를 참고하면 도움이 될 것이다.
- **부모 프로그램 운영자로서의 역할:** 학부모들은 유아의 생활을 항상 궁금해 하므로 매월 또는 매주 가정통신문을 통해 어린이집의 소식이나 학급의 여러 소식을 전하고 보육활동의 진행 상황을 알려 주고, 식단을 공개하여 어린이집에서의 생활을 이해하도록 돕는다. 또한 1년 동안 이루어지는 행사 내용과 일시를 사전에 미리 알려 주어 학부모가 일정을 미리 조정하여 참여할 수 있도록 배려하고, 학부모를 위한 다양한 부모 프로그램을 운영하여 기관과 가정이 긴밀하게 협력할 수 있도록 한다. 부모가 기관을 자녀의 보육·교육에 대하여 전문적으로 이해하는 기관으로서 신뢰할 수 있도록 전문적인 보육 서비스를 제공해야 한다.

- **연구자로서의 역할**: 전문가로서의 교사는 어느 한 수준에 머무르지 않고 지속적으로 발전해 가야 하므로 보육교사는 현장의 문제 및 실태를 파악하여 현장 개선을 위해 노력하거나 새로운 이론 및 활동을 현장에 적용하는 것과 같은 연구자로서의 태도와 능력을 갖추는 것이 필요하다. 연구자로서의 교사는 전문적이고 다양한 시각으로 교육활동을 이해하고 반성적으로 사고함으로써 자신의 전문성을 높여 갈 뿐만 아니라 유아가 전인적인 발달을 이루도록 지원하는 역할을 수행해야 한다.

유아는 어린이집에서 하루를 지내면서 일상적 양육과 교육적 활동을 모두 필요로 한다. 보육교사는 유아가 이러한 활동을 다양하게 경험을 할 수 있게 미리 계획하고, 지도하여야 한다. 즉, 화장실 가기, 씻기와 양치, 정리정돈, 식사와 간식, 낮잠 등의 양육활동을 위하여 필요한 환경을 준비하고 지도한다. 보육교사는 하루일과를 진행하기 전에 편안하며 안전한 물리적 환경을 마련하고, 필요한 자료를 제공하는 등 다양하고 적합한 보육환경을 미리 준비해 두어야 한다.

교육적 활동으로는 개별 유아의 선택에 의한 자유선택활동, 대·소집단 활동, 실내외 활동 등을 면밀하게 계획하고 풍부한 교재교구를 준비한다. 이러한 활동을 계획할 때 정적 활동과 동적 활동, 자유선택활동과 교사가 이끄는 대·소집단 활동을 균형적으로 배치하고, 유아와 교사, 유아와 유아, 유아와 교구 간의 상호작용을 촉진하는 활동을 제공하도록 배려하여야 한다. 또한 적극적인 활동 참여와 휴식, 실내 활동과 실외 활동 등이 서로 균형을 이루도록 한다.

각 흥미 영역의 공간을 확보하여 다른 활동에 의해 유아의 개별 활동이나 소집단 활동이 방해받지 않도록 해야 한다. 전체 보육실의 활동 진행 상황을 수시로 확인하여 유아가 주로 어느 영역에서 어떤 수준으로 활동을 하는지, 어떤 것을 어려워하는지, 어떤 것에 더 많은 흥미를 보이는지, 지난번보다 더 증진된 부분은 어떤 점이 있는지, 또래에 대한 흥미를 어느 정도 보이는지 등을 관찰하여야 한다. 따라서 교사는 한 흥미 영역에 오래 머물지 말고 각 흥미 영역을 고루 다니며 미리 관찰한 정보에 기초하여 개별적으로 유아에게 반응을 하고 활동을 촉진시키도록 노력하여야 한다.

5. 보육환경의 구성

물리적으로 풍요로운 환경에서 놀이 중심의 상호작용을 통해 성장하고 학습하는 영유아에게 양질의 환경을 제공하는 것은 매우 중요하다. 영유아를 위한 보육환경은 가정과 같이 따뜻하고 친숙하고, 안전하면서도 적절한 자극을 줄 수 있는 다양한 교재교구가 갖추어져 있어야 한다(김희진, 김언아, 홍희란, 2004). 그러나 물리적 환경이 아무리 안전하고 좋아도 이를 적절히 활용하는 지혜로운 인적자원이 없다면 아무 소용이 없을 것이다. 따라서 영유아의 흥미와 개인차를 수용하고 전인적으로 성장할 수 있게 지원하도록 물리적 환경이 준비되어 있고, 이를 잘 활용하는 인적자원이 있을 때만이 최적의 환경이라고 할 수 있다(이정환, 김희진, 2010). 연령별 영역 구성은 〈표 3-9〉와 같다.

〈표 3-9〉 연령별 영역 구성

0세	1세	2세	3~5세
일상생활 영역			일상생활 환경
• 개인사물함 • 휴식 영역 • 기저귀 갈이 영역 • 수유 및 식사 영역	• 개인사물함 • 휴식 영역 • 기저귀 갈이 영역 • 점심 및 간식 영역 • 화장실	• 개인 사물함 • 휴식 영역 • 간식 및 점심 영역 • 화장실	• 현관 및 복도 • 화장실 • 간식 및 식사를 위한 공간 • 낮잠 및 휴식을 위한 공간

실내 놀이 영역			실내 놀이 환경
• 신체 및 움직임을 위한 영역 • 의사소통 및 사회관계를 위한 영역 • 탐색 및 표현을 위한 영역	• 신체 및 움직임을 위한 영역 • 감각 및 탐색을 위한 영역 • 창의적 표현을 위한 영역 • 역할놀이 및 쌓기놀이를 위한 영역 • 언어활동을 위한 영역	• 언어 영역 • 탐색 · 조작 영역 • 쌓기놀이 영역 • 창의적 표현 영역 • 역할놀이 영역 • 대근육 활동 영역	• 쌓기놀이 영역 • 역할놀이 영역 • 미술 영역 • 언어 영역 • 음률 영역 • 수 · 조작 영역 • 과학 영역
실외 놀이 영역			
• 대근육 활동을 위한 영역 • 물 · 모래놀이 영역 • 동 · 식물 기르기 영역 • 조용한 영역 • 창고 및 통로			

출처: 보건복지가족부(2008).

1) 영아를 위한 보육환경

영아를 위한 보육환경은 영아의 기본적인 욕구와 발달에 기초한 환경으로서 가정과 같은 아늑함이 반영되어야 한다. 구체적으로 살펴보면, 가정과 같이 편안하고 안전한 환경을 통해 가족과의 분리로 인한 정서적 불안감을 줄여 주고 교사와의 애착형성으로 안정감을 갖도록 하며, 주변 환경에 대한 호기심을 충족시킬 수 있는 탐색 욕구와 움직임의 욕구를 편안하게 경험할 수 있도록 함으로써 영아의 전반적인 발달을 촉진시키도록 한다. 또한 영아의 기본적인 욕구를 충분히 수용하고 배려한다는 기본 전제하에 영아의 수와 교실 면적 및 프로그램의 목적에 따라 민감성과 유연성 있는 환경으로 구성한다. 특히 영아가 쉬거나 탐색하면서 운동능력 및 인지능력을 발달시키기 위해서는 좁은 공간보다 넓은 공간이 필요함을 유의해야 한다.

(1) 영아를 위한 환경구성의 원리

영아를 위한 환경구성의 기본적인 원리는 발달적으로 적합한 공간에서 교육과 보호가 이루어질 수 있는 복합된 공간이어야 한다는 것이다. 다시 말하면 기본생활 및 놀이와 학습이 통합된 공간으로서 발달연령에 맞게 적절히 조절되어야 한다. 영아를 위한 환경을 구성할 때 고려할 원칙은 다음과 같다(김희진 외, 2004; 이소희, 2005; 이정환, 김희진, 2010).

환경구성 시 고려할 사항

- 가정과 같은 분위기가 나도록 환경을 구성한다.
- 연령에 적합한 환경을 조성한다. 연령에 적합한 환경이란 영아들이 사용하는 가구, 화장실, 세면대 등의 크기가 영아의 신체 크기에 적합할 뿐만 아니라 활동실이 구성된 방식도 연령에 적합함을 의미한다. 예를 들어, 만 1세 미만의 영아를 위한 활동실은 놀잇감을 올려놓을 수 있는 장을 벽을 따라 배치하여 영아들이 활동실 가운데서 자유롭게 기어 다닐 수 있게 한다.
- 융통성 있는 환경을 구성한다. 영아의 월령이 어릴수록 같은 학급에서 생활하는 영아들 간의 개인차가 심하다. 예를 들면, 긴 의자는 영아를 안은 두 명의 교사가 앉을 공간을 제공하기도 하고, 벽에서 조금 떼어 놓으면 기는 영아에게 흥미로운 통로로 활용되기도 하고, 걸음마를 시작하는 영아에게 지지대의 역할을 할 수 있다.
- 교육적으로 가치가 있는 환경을 조성한다. 영아들이 좋아하고 흥미를 보이는 놀잇감이라도 교육적이지 못한 것(예: 총, 칼이나 영아의 조작이 필요 없이 건전지로 작동하는 것을 보기만 하는 놀잇감)은 제공하지 않는다.
- 자연 친화적인 환경을 조성한다. 영아들의 정신적 · 심리적 · 신체적 건강을 위해 금붕어나 화초를 키우는 것이 바람직하다.
- 적절한 수준의 동기 유발이 되도록 적절한 양의 놀잇감이 있는 환경을 제공한

다. 최적의 양은 영아의 월령과 반응, 하루일과의 길이, 집단의 크기 등을 고려하여 결정하여야 하나, 월령이 낮을수록 적은 수의 다양한 놀잇감보다는 모든 유아가 기다리지 않고 놀이할 수 있도록 같은 유형의 놀잇감을 여러 개 준비한다.

- 안전한 환경을 조성한다. 영아기는 오감을 활용하여 활발하게 환경을 탐색하는 특성이 강하면서도 위험한 것과 위험하지 않은 것을 구별하거나 예측하는 능력이 충분히 발달하지 않았기 때문에 안전한 환경을 조성하는 것이 중요하다.
- 청결한 환경을 조성한다. 영아기는 오감을 활용하여 환경을 탐색하는 특성이 강하면서도 면역력이 약한 시기이기 때문에 청결한 환경을 제공하여야 한다.

(2) 일상생활을 위한 환경구성 및 운영

영아가 먹기, 쉬기, 잠자기, 씻기, 화장실 사용하기 등의 일상생활을 하는 데 필요한 환경이 어떻게 구성되어야 하는지 살펴보면 다음과 같다.

① 개인장

영아별로 개인장을 준비한다. 개인장을 스스로 사용할 수 없는 어린 월령의 영아인 경우 개인장은 바닥보다는 성인의 손이 쉽게 닿는 높은 위치에 설치하는 것이 좋다. 영아들이 직접 사용하는 개인장은 보육실 내에 설치하거나 보육실로 들어오는 입구 가까운 곳에 두어 스스로 자기 물품의 정리정돈을 용이하게 한다. 개인장에 영아의 사진이나 좋아하는 그림을 부착하여 자기 것을 다른 것과 구분하여 인식할 수 있도록 한다.

② 휴식 영역

활동실 내에 천막이나 상자, 또는 숨을 수 있는 구석진 곳 등을 준비해서 영아들이 휴식할 수 있게 한다. 휴식을 위해 의도적으로 준비한 영역뿐만 아니라 영아들이 안정감을 느낄 수 있는 곳(예: 도서 영역)이면 어느 곳이나 휴식 영역의 역할을 할 수 있다. 교사는 영아를 관찰하여 쉴 필요가 있다고 판단될 때는 책 읽기 등의 조용한 활동을 하도록 유도한다.

③ 간식 및 점심 영역

간식은 활동실 내의 책상에서 먹는 것이 보통이다. 영아들이 빈번하게 지나가거나 활발하게 놀이하는 곳과 떨어진 곳의 책상을 활용한다. 활동실 내의 책상을 활용할 경우, 가능한 한 놀이하는 영아들이 잘 보이는 의자에 교사가 앉아 간식 지도를 한다. 점심은 기관의 식당에서 먹는 것이 보통이다. 영아의 신체 크기에 적합한 식탁과 낮은 의자를 갖추는 것이 바람직하나 여의치 않을 경우에는 방바닥에 상을 놓고 먹는다.

④ 화장실

씻기와 용변 보기가 가능하도록 변기, 세면대, 샤워장을 마련한다. 특히 어린이집의 경우 영아를 간단히 씻길 수 있는 샤워시설이 필요하다. 영아의 신체 크기에 적절한 영아용 변기와 세면대를 마련하고, 화장실은 활동실에서 직접 연결되도록 한다. 영아를 위한 화장실은 안에서 문이 잠기지 않아야 하며, 위아래가 보이도록 뚫린 것이 바람직하다.

(3) 실내 놀이를 위한 환경구성 및 운영

영아들은 대 · 소집단 활동을 거의 하지 않고 하루일과의 대부분을 자유놀이를 하면서 지낸다. 교사가 계획한 활동도 자유놀이의 일환으로 실시되기 때문에 실내 놀이 환경의 구성은 매우 중요하다.

① 역할놀이 영역

영아들의 역할놀이는 학기 초에는 단순히 가정생활을 흉내 내는 수준에서 출발하지만 점차 역할이 구조화되고 실제적 역할과 비슷한 역할놀이를 하게 된다. 영아들의 역할놀이는 다양하게 확산되므로 필요할 때 극놀이 영역을 넓힐 수 있는 공간적 여유가 있는 곳에 구성하는 것이 바람직하다. 이때 역할놀이 영역에 설치된 기본설비와 자료들은 영아들의 관심과 놀이 상황, 계절 등에 따라 적절하게 바꾸어 준다. 영아들의 직간접 경험의 증가와 교사의 다양한 소품 제시는 여러 가지 주제로 역할놀이가 이루어지게 하는 원동력이 된다.

② 쌓기놀이 영역

쌓기놀이의 핵심은 블록이며 이 블록들을 가지고 다양한 놀이로 확장할 수 있도록 소품들이 함께 제공된다. 연령이 어린 영아일수록 주로 크기가 크고 가벼우면서도 안전한 블록을 제공한다. 왜냐하면 영아들의 경우 처음에는 입에 넣어 빨기 때문에 크기가 작은 블록은 소근육 사용도 어려울 뿐만 아니라 흡입의 가능성도 있기 때문이다. 연령이 높아갈수록 다양한 재질의 블록을 탐색하고 관찰하여 구성할 수 있도록 여러 가지 다른 질감과 다양한 형태로 구성할 수 있는 블록을 제공한다.

쌓기놀이 영역뿐 아니라 다른 영역(예: 역할놀이 영역)에서도 쌓기놀이가 이루어질 수 있도록 허용하는 것이 영아들이 함께 구성하며 놀이하는 데 도움이 된다. 그리고 쌓기놀이를 구성하는 과정에서 다른 영아들의 놀이 공간을 침범하거나 망가뜨리는 경우가 발생하므로 충분히 넓은 공간을 확보한다. 또 쌓기놀이 영역의 바닥에는 깔개를 설치하는 것이 소음과 안전사고의 위험을 줄일 수 있다.

③ 탐색 및 조작 영역

탐색할 시간을 충분히 제공한다. 퍼즐은 연령이 어린 영아일수록 조각 수가 적고 손잡이가 있으며 그림 한 개를 맞추는 형태의 퍼즐을 주로 제공하고 점차로 난

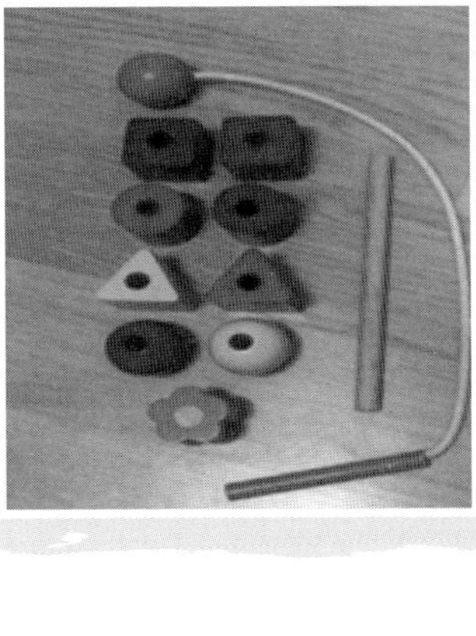

이도를 조절할 수 있다. 영아가 쉽게 꺼내어 자율적으로 놀이할 수 있도록 낮은 교구장에 준비해 주고, 바구니나 쟁반에 종류별로 분류하여 둔다.

④ 언어 영역

언어 영역은 주로 실내에 마련되지만 날씨가 좋고 책을 읽을 수 있는 환경이 마련되면 실외도 상관없다. 영아들이 꺼내고 넣을 수 있는 낮은 책상을 비치하고 소파, 안락의자, 쿠션, 인형 등을 비치하여 안락한 느낌이 들도록 구성한다. 영아기는 오감을 활용하여 탐색하는 시기이므로 다양한 재질(예: 종이, 헝겊, 비닐)과 크기, 형태(예: 평면, 반입체, 입체, 소리 나는 책)의 도서를 준비하고 영아가 직접 조작하면서 책 읽기에 참여할 수 있도록 한다. 어린 영아일수록 일상생활에서 경험하는 것이나 친숙한 것을 소재로 한 책을 준비하고 점차 다양한 소재의 책을 제공한다. 영아들은 교사와 함께 책을 보면서 책 보기에 관심을 갖는 경우가 많음을 인지한다.

⑤ 미술영역

만 2세에는 전통적인 미술영역을 준비해 준다. 미술영역은 표현이 강조되지만 영아를 위한 미술활동은 오감을 이용한 감각 및 탐색이 주가 되는 조형활동이 이루어진다.

오감을 이용한 탐색이 주가 되는 활동

- 영아들이 오감을 활용해 탐색의 과정을 활발하게 진행함으로써 그것이 표상이나 표현의 형태로 남게 되는 활동이다. 예를 들어, 꽃잎 탐색, 꽃잎 불기, 떨어지는 꽃잎 잡기, 시트지에 꽃잎 붙이기 등의 활동 등을 말한다.
- 이런 경우 교사는 조형적인 방식뿐만 아니라 언어, 신체 등의 다양한 방식으로 격려한다.
- 교사는 굳이 표현 결과물을 남기기 위한 방향으로 전개하거나, 유아에게 결과물을 강요하지 않아야 한다.

⑥ 음률놀이 영역

음률활동이 음률 영역에서만 이루어지는 것은 아니지만 다양한 악기들이 준비된 음률 영역에서 영아들은 자연스럽게 활동에 참여할 수 있는 기회를 갖는다.

영아들은 힘을 조절하는 능력이 미약하므로 연령이 어릴수록 다른 영아를 다치게 할 가능성이 있는 악기(예: 나무로 된 마라카스, 채가 큰 북)를 제공하지 않는다. 영아에게 제시된 악기를 가지고 교사의 피아노 소리에 맞추어 연주하는 활동보다는 영아 스스로 악기를 탐색하는 기회를 충분히 주도록 한다. 영아들이 음악을 듣고 몸으로 표현하고자 할 때에는 좀 더 넓은 공간을 마련하여 마음껏 움직여 볼 수 있도록 한다. 영아가 자신의 느낌을 표현할 수 있도록 자유자재로 움직일 수 있는 소품도 함께 마련해 주어 다양한 창의적 신체표현활동을 격려한다.

⑦ 대근육 활동 영역

연령이 어린 영아일수록 단순히 걷거나 뛰어 보는 기초적인 움직임 중심으로 이루어지지만 점차 다양한 도구를 사용하고 난이도를 조절하면서 신체적 움직임의 수준도 높아진다.

영아들에게 적절한 대근육 활동 영역은 자유롭게 움직일 수 있도록 충분한 공간이 확보되어야 한다. 실외 놀이 영역이나 유희실 같이 실내의 넓은 영역에서 활동하기도 하지만 신체적 움직임의 욕구가 많은 영아들의 특성을 고려하여 실내에서도 적절하게 대근육 활동을 할 수 있도록 한다. 실내에서도 다른 활동에 방해가 되지 않는 범위 내에서 영아들이 오르고, 내리고, 타고, 밀고, 길 수 있는 시설과 설비(예: 애벌레 타기, 미끄럼틀 타기)를 갖춘다. 영아의 연령에 따라 제공되는 대근육 활동을 위한 환경은 다르지만, 잡고 걸을 수 있도록 벽을 따라 설치된 봉, 밀면서 걸을 수 있는 바퀴 달린 놀잇감, 실내용 미니 종합 놀이터, 실내용 그네, 공, 1~2인용 흔들 말, 밀거나 올라타고 다닐 수 있는 탈것, 두 발로 밀고 타는 자전거나 붕붕차, 낮은 계단과 경사로, 건너뛰거나 통과하는 장애물 등을 제공한다.

(4) 실외 놀이를 위한 환경구성 및 운영

모든 영아는 월령이나 발달단계에 관계없이 영아에게 적합한 실외환경에서 실외 놀이를 할 기회를 매일 가져야 한다. 영아를 위한 실외 놀이 환경에는 동적인 요소(예: 종합 놀이터)와 정적인 요소(예: 휴식 공간), 인공적 요소(예: 놀이기구)와 자연적 요소(예: 동식물)가 골고루 포함되어 있어야 한다.

영아를 위한 실외 놀이 환경

- 얕은 구릉과 잔디, 흙과 모래, 아스팔트 등 다양한 표면을 가진 실외 공간을 구성하여 영아들이 자연을 느끼고 적절한 공간에서 활동할 수 있도록 한다.
- 비가 오거나 햇빛이 강한 시간에도 실외 놀이를 할 수 있도록 차양을 쳐 주거나 실내에서 실외로 연결되는 공간에 지붕을 마련하여 실외에서도 자유놀이를 할 수 있도록 해 준다.
- 영아용 종합놀이기구를 설치하여 대근육 활동을 지원한다.
- 대근육 활동과 상상놀이를 동시에 지원할 수 있는 시설, 예를 들면 상상의 자동차나 배를 준비한다.
- 모래놀이와 물놀이를 할 수 있는 공간을 마련한다. 모래는 세척하여 사용하고, 사용 후 뚜껑을 덮을 수 있게 덮개를 준비한다.
- 나무, 꽃, 채소를 관찰하거나 재배할 수 있도록 한다.

2) 유아를 위한 보육환경

(1) 실내 놀이를 위한 환경구성 및 운영

실내 환경은 유아들이 자유롭게 활동을 선택할 수 있도록 흥미 영역으로 구분하여 구성한다. 흥미 영역은 수시로 변경할 수 있으며, 전체적으로는 1년을 단위로 4~5번 위치를 바꾸어 준다. 실내에 흥미 영역을 배치할 때는 다음과 같은 점에 유의한다.

흥미 영역 배치 시 유의사항

- 흥미 영역을 구분할 때 낮은 교구장을 이용하면 공간의 크기나 형태를 쉽게 바꿀 수 있고, 교구장 너머로 놀고 있는 유아를 교사가 늘 관찰할 수 있어서 바람직하다.

- 유아들이 보육실 내에서 다른 놀이를 방해하며 다니지 않도록 보육실 내에 보이지 않는 인도를 고려하여 영역을 배치한다. 또한 교사는 보육실을 전체적으로 살펴보며 분쟁이 있거나 놀이에 방해가 된다고 판단되면 영역을 잠시 넓혀 주거나 합하여 주는 등 융통성 있게 운영한다.
- 벽에 붙이는 모든 부착물은 유아의 눈높이를 고려하여 게시하고 유리가 있는 시계나 액자 등은 겉면을 투명비닐로 싸거나 플라스틱으로 된 제품으로 교체하여 떨어지지 않도록 고정하도록 한다.
- 교재교구는 유아가 쉽게 선택할 수 있도록 잘 보이게 전시하고 꺼내기 쉽도록 비치한다. 또한 유아가 정리할 때에도 쉽게 제자리를 찾을 수 있도록 그림이나 사진 등으로 자리 표시를 한다.
- 모든 교재교구는 안전해야 하며 자주 세척, 세탁하여 위생을 최대한 고려해야 한다.
- 기본적으로 매번 사용되는 교재교구나 자료 등은 항시 비치를 해야 하나 대부분 주제나 계절에 따라 주기적으로 교체를 한다.

다음은 각 흥미 영역에 제공할 자료와 유의사항을 연령별로 제시한 것이다(박희숙, 유지선, 2010).

① 언어 영역

연령	유의점
만 3세	• 듣기활동을 위하여 자연, 동물 소리를 제공한다. • 말하기활동을 자연스럽게 촉진할 수 있는 거울, 전화기, 손인형, 막대인형, 인형극틀 등을 제공한다. • 유아들이 좋아하는 동물이나 사물이 등장하는 그림책을 제공한다. • 읽기, 쓰기의 기초 활동으로 변별할 수 있는 카드, 사포글자, 끄적거리기 등의 자료, 같은 모양 짝짓기와 변별하기, 촉감책 등을 제공한다.

만 4세	• 듣기 · 읽기 활동이 이루어질 수 있는 동화 테이프, 그림책 등을 제공한다. • 다양한 그림책, 극놀잇감, 융판, 자석판 등을 제공한다. • 다른 유아들과 언어적 상호작용을 유발하는 수수께끼 카드, 그림동화, 융판 등을 제공한다. • 유아의 생각을 교사가 받아써 주어 글로 옮겨지는 과정에 관심을 가질 수 있는 자료를 제공한다.
만 5세	• 활동한 동시, 동화 등을 선택하여 들을 수 있도록 녹음하여 제공한다. • 글자가 좀 더 많은 그림책, 다양한 장르의 도서, 유아가 조사해 온 자료나 가정에서 가지고 온 책, 어린이 신문이나 잡지 등을 비치한다. • 동시 감상 및 동시 짓기, 동극, 이야기 꾸미기 등의 자료를 제공한다. • 종이와 연필, 편지지, 편지함 등 다양한 쓰기 자료를 제공한다.

② 쌓기놀이 영역

연령	유의점
만 3세	• 늘어놓기, 높이 쌓기, 연결하기, 막힌 공간 만들기, 간단한 구조물 만들기 등을 주로 하므로 정사각형, 직사각형 등의 기본 형태 블록을 제공한다. • 공간이 넓은 곳에서는 종이벽돌 블록이나 우레탄 블록 같은 가볍고 커다란 블록이 유용하다. • 놀이 확장을 위해 조작이 쉬운 동물 모형, 사람 모형, 자동차 모형 등을 제공한다.
만 4세	• 복잡한 구조물을 만들기 시작하므로 적당한 양의 단위 블록이 유용하다. • 놀이의 확장을 위해 동물 모형, 사람 모형, 자동차 모형 등 다양한 소품을 제공한다. • 기본 형태 이외의 널빤지, 원기둥과 같은 종류의 다양한 블록을 제공한다. • 기존의 벽돌 블록과 함께 새로운 무늬가 있는 종이벽돌 블록, 원통 블록, 삼각 블록, 지역사회 블록을 제시하여 놀이 확장을 도모한다.
만 5세	• 단위 블록과 공간 블록을 활용하며 많은 양의 블록이 유용하다. • 다양한 쌓기놀이로 확장하기 위하여 관련 사진이나 그림 카드, 구조물 평면도나 조립설명서 등을 제공한다. • 필요한 소품을 유아 스스로 제작하여 놀이에 활용할 수 있도록 한다. • 높낮이를 조절하여 구성할 수 있도록 널빤지 등의 소품을 제공한다. • 쌓기놀이 영역에서 지켜야 할 약속을 함께 정해 유아가 기록한 후 벽면에 게시하고 수정 보완해 자료를 보충하고 놀이를 확장해 간다.

③ 역할놀이 영역

연령	유의점
만 3세	• 상상력 발현을 돕는 실물이나 실제성이 높은 소품을 제공한다. • 가정생활에 연관된 역할놀이를 주로 하므로 어머니, 아버지의 옷과 소품, 부엌용품 등 가족놀이에 필요한 자료를 제공한다. • 정리정돈에 도움이 되도록 놀잇감의 위치를 그림이나 사진으로 표시한다.
만 4세	• 주제와 관련한 역할놀이에 필요한 자료를 비치한다. • 다양한 직업과 사회구성원의 역할뿐만 아니라, 상상놀이활동에 적합한 소품을 비치한다. • 놀이가 진행되면서 유아들과 의논하여 필요한 자료를 더 보충한다.
만 5세	• 생활주제와 관련한 역할놀이를 제안하고 역할놀이의 내용과 규칙 등을 유아가 스스로 계획하여 실행해 보도록 한다. • 생활주제와 관련된 역할놀이 소품을 유아 스스로 제작하여 사용할 수 있도록 한다. • 역할놀이 확장에 필요한 그림이나 사진자료 등을 벽에 게시한다. • 다양한 역할놀이 소품상자를 필요에 따라 사용할 수 있도록 비치한다.

④ 수 · 조작놀이 영역

연령	유의점
만 3세	• 퍼즐 조각은 5~10개 정도가 적절하며 완성된 그림본을 제공하는 것이 좋다. • 수 세기를 위한 구체물을 제공한다. • 도형, 패턴의 기초 활동으로 같은 모양 짝짓기, 모양 변별하기, 구슬 꿰기 등의 놀잇감을 비치한다. • 일상생활 관련 자조기술 발달을 위한 찍찍이 붙이기, 단추 끼우기, 비질하기 등의 자료를 제공한다.
만 4세	• 퍼즐 조각은 10~20개 정도가 적절하나 개인에 따라 그 이상도 가능하다. • 비교, 분류, 순서 짓기 활동을 위하여 구체물과 그림 자료를 제공한다. • 측정해 보는 경험을 가지도록 끈, 줄자 등을 제공한다. • 두 명 정도가 할 수 있는 간단한 규칙의 게임 자료로 주사위, 게임판 등을 제공한다.

만 5세	• 옮기기, 끈 꿰기, 바느질하기 자료를 제공한다. • 수막대, 수카드 등을 활용한 자료를 제공한다. • 도형, 패턴의 기초 활동으로 칠교놀이, 고무줄 도형 등을 제공한다. • 보다 복잡한 규칙이 있는 게임으로 여러 명이 함께하는 그룹 게임판을 제공한다. • 자료를 모아 분류, 순서 짓기를 하여 기록할 수 있는 경험을 한다(그래프 등).

⑤ 미술 영역

연령	유의점
만 3세	• 너무 다양한 자료보다는 기본적인 자료를 자주 바꾸어 주도록 한다. • 손으로 잡기 편한 굵기와 크기의 크레파스를 제공한다. • 안전가위를 사용하고 가위질하기가 용이하게 종이를 단계적으로 제공한다. • 자유롭게 표현할 수 있는 점토나 찰흙을 제공한다. • 우연한 결과를 만들어 내고 즐길 수 있는 손가락 그림을 위한 풀이나 밀가루 반죽 등을 제공한다.
만 4세	• 질감, 형태, 크기가 다양한 종이류, 셀로판테이프, 스테이플러 등 여러 가지 자료를 제공한다. • 여러 가지 색상을 경험하도록 크레파스와 물감, 먹물, 과일즙 등 물감의 색상도 점차 늘려 간다. • 자유롭게 만들기를 위한 다양한 크기의 상자 등 재활용품을 제공한다.
만 5세	• 다양한 영화나 민화를 감상할 수 있도록 작품집이나 화보, 포스터 등을 비치한다. • 공동작품에 필요한 자료를 제공한다. • 유아의 이름과 제목을 기록할 수 있는 작품카드를 제공한다. • 재활용할 수 있는 자료를 제공하고 창의적으로 구성활동을 할 기회를 제공한다. • 활동순서카드를 제공하여 스스로 작업활동을 즐길 수 있도록 한다. • 교실 환경구성과 작품 게시에 참여할 수 있도록 한다.

⑥ 음률 영역

연령	유의점
만 3세	• 동요나 율동곡, 빠르기가 다른 음악 등이 녹음된 테이프와 카세트를 준비한다. • 여러 가지 타악기를 통하여 소리를 탐색해 보고 리듬감을 익힐 수 있는 활동을 제공한다. • 강약이 표시된 노랫말 판을 제공하여 부호에 따라 연주한다.
만 4세	• 다양한 리듬악기를 비치한다. • 배운 노래를 부르며 악기를 연주할 수 있도록 그림과 글자가 혼합된 노래 자료를 제공한다. • 신체를 이용하여 좀 더 창의적인 표현을 하도록 리본 테이프나 스카프, 풍선, 끈, 고무줄 등을 제공한다.
만 5세	• 실로폰, 핸드벨 등의 가락악기를 제공한다. • 다양한 음악 테이프, 음악 관련 그림책, 녹음기, 헤드폰을 비치한다. • 악기를 만들어 보는 경험을 한다. • 배운 노래를 여러 곡 CD에 담아 스스로 곡을 선정하여 감상한다. • 악보를 보며 연주하도록 색깔악보를 제공한다. • 노래극 놀이에 필요한 자료와 소품을 준비한다. • 음악을 들은 후 느낌을 그림이나 몸으로 표현해 볼 수 있는 자료를 제공한다.

⑦ 컴퓨터 영역

연령	유의점
만 4세	• 컴퓨터를 조작하는 순서와 방법을 그림으로 벽면에 게시한다. • 그림동화, 그림 그리기 등의 소프트웨어를 제공한다. • 컴퓨터 사용시간은 자유롭게 하다가 점차 시간을 조절한다.
만 5세	• 컴퓨터 영역에서 지켜야 할 약속을 토의하여 유아가 기록한 후 벽면에 부착한다. • 인터넷 활용을 높이기 위해 생활주제에 맞는 사이트 검색어 판과 활동지를 준비해 주어 유아들이 직접 해 보도록 한다. • 생활주제와 관련된 다양한 사이트를 즐겨찾기에 추가하여 유아들이 활동할 수 있도록 하고, 다른 영역과 연계하여 활동이 이루어지도록 구성한다.

	• 다른 영역과 연계하여 스캐너, 디지털카메라를 이용한 확장 활동이 일어날 수 있도록 한다. • 컴퓨터 사용시간은 10분 정도로 제한하여 순서표를 만들어 이용하고, 여러 유아가 사용할 수 있도록 하고 공유기를 설치하여 프린터를 함께 사용한다.

⑧ 과학 영역

연령	유의점
만 3세	• 다양한 감각경험을 할 수 있는 거울, 색안경, 촉감상자, 소리상자 등을 제공한다. • 동식물에 관심을 가질 수 있도록 식물이나 개미, 달팽이 등을 기른다.
만 4세	• 돋보기, 자석, 프리즘, 양팔저울 등을 제공하여 다양한 탐색이 이루어지도록 격려한다. • 동식물, 곤충류를 기르며 성장과정이나 변화를 그림으로 나타낼 수 있도록 관찰기록 용지를 준비한다.
만 5세	• 주변에서 모아 온 탐색물을 직접 실험할 수 있도록 활동 카드를 제공한다. • 실험의 결과를 예측해 보고, 실험결과를 비교해 볼 수 있는 기록지를 비치한다. • 과학적 탐색을 자극하는 책, 도감, 화보, 신문기사, 슬라이드, OHP, 녹음기, 비디오 등을 적극 활용하고, 고장난 기계류를 분해하고 조립해 본다. • 동식물 기르기 활동을 제공하고, 성장과정이나 변화를 그림이나 글로 나타낼 수 있도록 관찰기록 용지와 쓰기 도구를 준비한다.

(2) 실외 놀이를 위한 환경구성 및 운영

실외 놀이는 기관에서 오랫동안 생활하는 유아들이 신선한 공기를 마시고 햇볕을 쬘 수 있는 시간이므로 매일 일과에 포함되어야 한다. 실외에서 활동을 하는 동안 유아들은 신체적 활동뿐만 아니라 자연을 탐색하고, 친구들과 함께 놀이하면서 사회성을 기르기도 한다. 뿐만 아니라 물과 모래를 가지고 놀면서 긴장감을 해소하기도 하고, 그늘지고 조용한 곳에서 휴식을 취하기도 한다. 이러한 유아들의 놀이를 도와주기 위해 실외 놀이 공간은 다양한 재료로 바닥을 구성하고, 햇볕이 드는 공간과 그늘진 공간을 확보하며 안전하게 구성되어야 한다.

실외 놀이 영역 환경구성 시 유의사항

- 실내 놀이실과 연결되도록 하여 유아가 이동을 쉽게 할 수 있도록 한다.
- 대근육 활동을 위한 운동놀이 영역, 물 · 모래놀이 영역, 동식물 기르기 영역, 정적 영역 등 흥미 영역으로 구성하는 것이 바람직하다.
- 실외 활동 면적 중 1/3은 조용한 활동 공간으로 활용하고, 나머지 2/3는 활동적인 놀이 공간으로 활용하면 좋다.
- 실외 놀이터의 바닥 재료는 잔디, 시멘트, 자갈, 모래, 흙 등 다양하게 구성되어 있으면 좋으나 오르기 시설물이 있는 바닥은 유아의 안전을 위하여 탄력성이 있는 바닥재를 설치하는 것이 더 적합하다.
- 실외 놀이터에는 외부의 차량이나 사람들로부터 유아를 보호하고 유아가 혼자 밖으로 나가지 않도록 울타리를 설치한다. 울타리는 유아가 기어오르거나 머리 등의 신체 일부분이 끼지 않도록 설계한다.

다음은 각 놀이 영역에 제공할 자료와 유의사항을 연령별로 제시한 것이다(박희숙, 유지선, 2010).

① 운동놀이 영역

연령	유의점
만 3세	• 미끄럼틀이나 오름대는 경사가 완만하고 길이가 짧은 것을 제공한다. • 세발자전거 등 탈것은 안전한 소형으로 제공한다.
만 4세	• 미끄럼틀이나 오름대는 신체 조건에 적합한 것을 제공한다. • 신체조절능력, 평형감각, 지구력 등을 길러 주는 놀이기구를 비치한다. • 보조바퀴 달린 자전거를 제공한다.
만 5세	• 모험 놀이용 스티로폼 블록, 타이어 등을 제공한다. • 놀이기구를 다른 용도로 활용하는 아이디어를 낼 수 있는 기구를 제공한다. • 두발자전거를 보호 장구와 함께 제공한다. • 스스로 안전규칙을 만들어 보도록 한다.

② 물 · 모래놀이 영역

연령	유의점
만 3세	• 다양한 종류의 그릇, 고무인형, 공 등을 준비한다. • 모래를 탐색하는 놀이를 많이 하므로 모래를 그릇에 담고 섞기, 모양 찍기, 손으로 뿌리기 등을 할 수 있도록 한다. • 물과 모래를 다른 사람에게 뿌리지 않도록 지도한다.
만 4세	• 물의 특성을 알아볼 수 있는 다양한 도구를 제공한다. • 모래를 탐색하는 활동 이외에 소꿉놀이 도구, 인형, 교통 기관, 플라스틱 블록 등을 첨가하여 여러 가지 놀이로 확장하도록 한다. • 돌멩이, 풀 등 자연물과 함께 구성하여 놀이하도록 한다.
만 5세	• 물의 양을 측정할 수 있는 다양한 계량 도구를 비치한다. • 물과 모래를 이용한 여러 가지 실험을 해 볼 수 있는 교재교구를 준비한다. • 모래 삽, 수로용 플라스틱 관, 투명 호스 등을 제공하여 물 · 모래 놀이가 확장되도록 한다.

③ 동식물 기르기 영역

연령	유의점
만 3세	• 쉽게 키울 수 있는 친숙한 동식물을 기른다. • 식물은 토마토, 고추 등 성장속도가 빠르고 열매가 맺히는 것을 기른다. • 동물에게 먹이를 주거나 식물에 물을 주는 도구를 비치한다.
만 4세	• 당번을 정해 먹이나 물을 주도록 한다. • 씨를 뿌리거나 모종을 하고 꽃밭과 텃밭을 가꾸어 식물을 기른다. • 동식물의 성장과정이나 변화를 그림으로 나타낼 수 있도록 관찰기록 용지를 준비한다.
만 5세	• 자기 몫을 정하여 씨를 뿌리거나 모종을 하고 거름을 주며 꽃밭과 텃밭을 가꾼다. • 동식물의 성장에 관련된 도서 등의 자료를 준비한다. • 자신이 기른 동식물의 성장과정이나 변화를 그림이나 글로 기록할 수 있도록 관찰기록 용지를 준비한다.

Chapter 04

보육실습의 기록

1. 보육계획안
2. 교구계획안
3. 보육실습일지

1. 보육계획안

보육실습생이 가장 먼저 당면하는 큰 문제는 보육계획안의 작성이다. 보육계획안을 잘 작성하기 위해서는 지금까지 학교에서 이론적으로 배운 모든 지식을 종합하여 영유아의 발달에 적합한 보육활동을 디자인하여, 가장 효율적이고 영유아의 발달특성에 적합한 실시 방법을 연구하여야 한다.

1) 보육계획안 작성 원칙

보육계획안은 2007년부터 시행된 표준보육과정과 2013년부터 시행된 연령별 누리과정에 근거하고, 보건복지가족부(2008)가 개발한 보육프로그램을 기초로 작성하는 것이 원칙이다. 가끔 사립 어린이집에서는 다양한 유아교육/보육 관련 잡지 혹은 그 외의 자원으로부터 보육계획안을 베껴서 사용하는 곳도 있지만 평가인증을 받고 질 높은 보육을 제공하려면 국가수준의 보육과정에 근거하여 보육계획안을 수립하여야 한다. 표준보육과정과 연령별 누리과정의 보육프로그램은 중앙육아종합지원센터(http://www.central.childcare.go.kr)로 접속하여 무료로 다운받을 수 있다.

보육계획안은 보육프로그램에 나와 있는 주제와 소주제를 중심으로 연간 · 월간 · 주간 · 일간으로 철저하게 계획되고 준비되어야 한다. 세부 계획으로 갈수록 각 주제와 관련되는 활동들을 고안하여 각 발달 영역의 보육 내용이 균형 있게 포함되도록 수립하여야 한다. 이러한 체계적인 계획에 입각하여 매일의 보육활동이 수립되고 실시되어야 하며, 그 결과를 기록하고 평가한 것이 다시 새로운 계획 수립에 반영되어야 한다. 보육실습에서의 보육계획 역시 이러한 보육계획의 맥락 안에서 이루어져야 한다.

보육계획안 작성 시 유의사항

- 보육계획은 통합적으로 수립되어 영유아의 전인적 발달을 도모해야 한다.
- 영유아가 모든 영역에서 골고루 활동할 수 있도록 면밀하게 수립되어야 한다.
- 영유아의 흥미와 요구를 수용할 수 있도록 융통성 있게 수립되어야 한다.
- 영유아의 자발적인 놀이와 학습이 일어날 수 있는 환경의 준비와 이러한 환경의 효과적인 이용에 대한 철저한 계획을 수립해야 한다.

2) 보육계획안 작성 방법

보육계획안은 기관에 따라 다양하게 수립하고 있으나 평가인증지표에 의거하면 연간 · 주간 보육계획안 및 일일 보육계획안을 필수적으로 수립하도록 하고 있다. 보육계획안에 대한 평가지표 내용은 정적인 활동과 동적인 활동의 균형, 소집단 활동과 대집단 활동의 균형 등이 계획 · 실행되면서 평가가 이루어져서 그다음 활동에 잘 반영되는지 등을 포함하고 있다. 보육활동 계획안을 작성하는 방법은 다음과 같다.

(1) 주제와 소주제

① 주제명: 활동을 포함하는 큰 주제명을 쓴다.

② 주제선정 이유: 영유아보육과정의 학문적 입장, 국가 · 사회적 입장, 영유아의 입장, 주제의 필요성과 의의를 쓴다.

③ 주제의 구조: 대주제 속의 소주제들의 구분과 연관성을 고려하여 주제의 구조를 나타내는 그림을 그린다.

④ 주제의 목표: 주제를 통해 이루고자 하는 목표를 구체적으로 진술한다.

(2) 활동 계획

연령에 적합하고 구체적인 보육활동을 계획하되, 보육활동이 각 발달 영역별 균형을 유지하도록 한다. 자유선택활동 시간을 충분히 확보하여 영유아 스스로 지식과 기술을 확장할 기회를 준다. 보육활동은 일과의 통합적 운영 관점에서 구성하고, 일상생활 관련 활동을 계획해야 한다. 매일 실외 활동을 계획하여 심신의 균형적인 발전을 도모한다. 또한 이에 필요한 교수자료를 제시한다. 실외 활동은 일기상황에 따라 다른 활동으로 대체할 수 있도록 대체활동도 수립한다. 보육활동이 각 아동의 서로 다른 발달수준 및 흥미와 관심에 따라 탄력 있게 적용될 수 있도록 융통성 있게 작성한다.

(3) 보육과정 평가

관찰과 기록을 통하여 각 보육활동에 대한 평가를 하고, 그 결과를 다음의 보육계획 수립에 반영하도록 한다. 연간 · 월간 · 주간 · 일일 보육계획안의 구체적인 작성방법 및 예는 다음의 내용에서 구체적으로 다룬다.

3) 연간 보육계획안

연간 보육계획은 보육과정의 요소들을 영유아가 적절하게 경험할 수 있도록 생활주제로 묶어서 시기와 계절에 따라 안배한다. 또한 보육과정과 관련한 현장학습 혹은 행사 등을 미리 계획하여 1년의 보육과정에 대한 전체적인 균형과 청사진을 월별로 미리 작성하여 프로그램 운영에 만전을 기하고 그 효과를 최대한으로 높일 수 있다(류진희, 2000). 특히 영유아들은 연령에 따른 발달적 차이가 크게 나타나므로 연령별 발달특성을 고려하여야 하며, 보육하고 있는 연령에 따라 0세반, 1세반, 2세반, 3세반, 4세반, 5세반 등으로 나누어 연간 보육계획안을 수립할 수 있다.

연간 보육계획안 작성 시 유의사항

- 국가수준의 표준보육과정과 연령별 누리과정의 전 영역 및 내용이 포함될 수 있도록 주제를 선정한다. 보육시설 및 지역사회의 특성에 따라 주제를 바꿀 수도 있고, 올림픽이나 월드컵 및 재해 등과 같은 특별한 사건이 있는 경우 이들을 첨가할 수 있다.
- 학기 초에는 새로운 어린이집에의 적응을 돕기 위하여 적응을 위한 프로그램이 계획되어야 한다.
- 학기 초에는 새로운 환경에의 적응이라는 문제에 당면하므로 친숙한 주제에서부터 점차적으로 추상적인 주제로 확대되도록 배열한다.
- 주제와 활동의 배열에서 계절의 변화와 영유아의 흥미 변화를 고려한다.
- 연간 계획에서 여러 연령이 서로 연계되도록 한다. 즉, 계절의 변화에 관련된 주제와 영유아의 관심에 관련된 주제는 모든 연령이 동일하게 선정하되 개념과 목표 및 활동 수준에 차이를 둔다.
- 연령별 소주제의 난이도를 비교 · 검토하여 결정한다.

- 1년 동안의 보육의 흐름과 행사 및 견학이 적절하게 안배되도록 하고, 이런 행사는 보육활동과 연계성을 갖도록 한다.
- 1년 동안 보육을 실시한 후 이에 대한 평가를 하여 다음 해의 연간 보육계획안을 작성할 때 참고하도록 한다.

0~5세의 연간 보육주제와 소주제의 예시는 〈표 4-1〉 〈표 4-2〉와 같다(보건복지부, 2014).

〈표 4-1〉 0~2세 연간 보육 주제와 소주제

월	0세		1세		2세	
	주제	소주제	주제	소주제	주제	소주제
3월	낯설어요	• 엄마와 함께해요 • 선생님을 만나요 • 선생님을 만져봐요 • 선생님과 놀아요 • 익숙해졌어요	새로운 것이 낯설어요	• 어린이집에 왔어요 • 만나고 친해져요	어린이집이 좋아요	• 나는 ㅇㅇ반이에요 • 엄마, 아빠와 헤어질 수 있어요 • 우리반 선생님과 친구들이에요
4월				• 우리 반에 무엇이 있을까요? • 밖으로 나가 보아요		• 재미있는 놀잇감이 있어요 • 내가 좋아하는 놀잇감이에요 • 편안하게 지내요 • 안전하게 놀아요
5월	느껴봐요	• 씻으며 느껴요 • 입으며 느껴요 • 먹으며 느껴요 • 놀며 느껴요 • 자연을 느껴요	느낄 수 있어요	• 만져보아요 • 살펴보아요 • 들어보아요	봄나들이 가요	• 바깥놀이가 재미있어요 • 안전하게 바깥놀이해요 • 꽃구경은 즐거워요 • 벌레가 꿈틀꿈틀해요 • 봄나들이 갈까요
6월				• 맡아보아요 • 맛보아요 • 온몸으로 느껴보아요	나는요	• 나는 ㅇㅇㅇ이에요 • 내 몸을 살펴보아요 • 나는 느껴요 • 내가 좋아하는 것이 있어요 • 혼자서도 잘해요
7월	움직여요	• 누워서 움직여요 • 앉아서 움직여요 • 기어요 • 서고 걸어요 • 잡아보아요	놀이할 수 있어요	• 놀잇감은 재미있어요 1 • 놀잇감은 재미있어요 2	나는 가족이 있어요	• 엄마 아빠가 좋아요 • 우리 가족을 흉내 내요 1 • 우리 가족을 흉내 내요 2 • 우리 가족을 소개해요 1 • 우리 가족을 소개해요 2
8월				• 물놀이는 재미있어요 • 까꿍놀이는 재미있어요	재미있는 여름이에요	• 날씨가 더워졌어요 • 비가 많이 와요 • 깨끗하게 씻어요 • 물놀이가 재미있어요 1 • 물놀이가 재미있어요 2

<table>
<tr><td>9월</td><td rowspan="3">놀이는
재미있어요 I</td><td rowspan="3">• 움직이는 놀잇감
• 구멍이 있는 놀잇감
• 굴러가는 놀잇감
• 까꿍 놀잇감
• 소리가 나는 놀잇감</td><td>나는 할 수
있어요</td><td>• 즐겁게 할 수 있어요
• 말할 수 있어요
• 찾을 수 있어요</td><td rowspan="2">동물놀이해요</td><td rowspan="2">• 여러 가지 동물이 있어요
• 엄마동물 아기동물
• 동물처럼 소리를 내어보아요
• 동물처럼 움직여보아요
• ○○반이 좋아하는 동물
• 동물을 사랑해요</td></tr>
<tr><td rowspan="2">10월</td><td rowspan="3">움직이는
것이
재미있어요</td><td rowspan="2">• 바깥놀이는 재미있어요</td></tr>
<tr><td rowspan="2">알록달록
가을이에요</td><td rowspan="2">• 가을이에요
• 가을 나들이
• 단풍이 물들어요
• 자연물로 놀이해요
• 알록달록 색깔나라
• 재미있는 그리기 나라</td></tr>
<tr><td>11월</td><td rowspan="2">놀이는
재미있어요 II</td><td rowspan="2">• 통 · 상자 놀이
• 헝겊 · 천 놀이
• 공놀이
• 악기놀이
• 그릇놀이</td><td>• 몸을 움직여요
• 움직이게 할 수 있어요</td></tr>
<tr><td>12월</td><td rowspan="2">좋아하는 놀이가 있어요</td><td>• 그림책으로 놀아요
• 춤추고 놀이해요
• 흉내내요</td><td>겨울과
모양을
즐겨요</td><td>• 여러 가지 모양이 있어요
• 모양놀이해요
• 즐거운 성탄이에요
• 추워요
• 따뜻하게 지내요</td></tr>
<tr><td>1월</td><td rowspan="2">좋아해요</td><td rowspan="2">• 마주봐요
• 안아줘요
• 같이 해봐요
• 함께 웃어요
• 사랑해요</td><td>• 쉬, 응가 놀이가 좋아요</td><td rowspan="2">나는 친구가
있어요</td><td>• 내 친구가 좋아요
• 친구와 함께하는 놀이가 있어요
• 우리는 ○○살 (설날)</td></tr>
<tr><td>2월</td><td>새로운 것도
좋아요</td><td>• 함께 놀아요
• 선생님이 좋아요</td><td>• 형 · 언니가 되었어요
• 즐거웠던 우리반이에요</td></tr>
</table>

〈표 4-2〉 3~5세 연간 보육 주제와 소주제

월	3세		4세		5세	
	주제	소주제	주제	소주제	주제	소주제
3월	어린이집과 친구	• 어린이집의 환경 • 어린이집에서의 하루 • 어린이집에서 만난 친구 • 함께 놀이하는 어린이집	어린이집과 친구	• 어린이집의 환경 • 어린이집에서의 하루 • 어린이집에서 만난 친구 • 함께 만드는 어린이집	즐거운 어린이집	• 새로 만난 우리반 • 새로 꾸민 우리반 • 어린이집 탐험 • 사이좋은 친구
4월	봄/동식물과 자연	• 봄의 날씨 • 봄의 풍경 • 궁금한 동식물 • 동물과 우리생활 • 식물과 우리생활 • 자연과 더불어 사는 우리	봄/동식물과 자연	• 봄의 변화 • 봄의 풍경 • 동물과 우리생활, 궁금한 동식물 • 식물과 우리생활, 궁금한 동식물 • 자연과 더불어 살아가는 우리	봄과 동 · 식물	• 봄의 모습 • 식물의 봄맞이 • 동물들의 봄나들이 • 우리들의 봄 이야기
5월	나와 가족	• 나의 몸과 마음 • 소중한 나 • 소중한 가족 • 행복한 우리집	나와 가족	• 나의 몸과 마음 • 소중한 나 • 소중한 가족 • 가족의 생활과 문화	소중한 가족	• 소중한 나 • 나와 우리가족 • 함께하는 가족놀이 • 여러 가족의 모습 • 사랑하는 우리가족
6월	우리동네	• 우리 동네 모습 • 우리 동네 생활 • 우리 동네 사람들	우리동네	• 우리 동네 모습, 우리 동네 생활 • 우리 동네 사람들 • 우리 동네 전통과 문화	우리동네	• 우리 동네 모습 • 우리 동네 기관 1 • 우리 동네 기관 2 • 다양한 직업 • 함께하는 우리이웃

7월	건강과 안전	• 즐거운 운동과 휴식 • 깨끗한 나와 환경 • 맛있는 음식과 영양 • 안전한 놀이와 생활	건강과 안전/ 여름	• 즐거운 운동과 휴식, 깨끗한 나와 환경 • 맛있는 음식과 영양 • 안전한 놀이와 생활 • 여름의 날씨와 물놀이 • 여름 풍경	신나는 여름	• 여름의 모습 • 건강하게 여름나기 • 즐거운 물놀이 1 • 즐거운 물놀이 2
8월	여름/ 교통기관	• 여름의 날씨 • 여름 꽃과 과일 • 여러가지 육상 교통기관 • 고마운 육상 교통기관 • 항공/해상 교통기관 • 즐거운 교통생활	교통기관	• 여러 가지 육상 교통기관 • 고마운 육상 교통기관 • 항공/해상 교통기관 • 즐거운 교통생활	교통과 안전	• 내가 궁금한 교통수단 • 편리한 교통시설 • 미래의 교통수단 • 안전한 교통문화
9월	우리나라	• 우리나라 사람들의 생활 • 우리나라의 놀이와 예술 • 우리나라의 역사와 자랑거리	우리나라/ 세계 여러나라	• 우리나라 사람들의 생활 • 우리나라의 놀이와 예술 • 우리나라의 역사, 우리나라의 자랑거리 • 세계 여러 나라 사람들의 생활 • 세계 여러 나라의 문화유산 • 세계 여러 나라와의 교육, 세계의 자연과 사회현상	세계 속의 우리나라	• 우리나라의 생활 • 우리나라의 문화유산 • 세계 여러나라와 사람들 • 세계 여러 나라의 생활 • 함께하는 세계

10월	가을과 열매	• 가을 풍경 • 가을의 변화 • 풍성한 가을 • 추석과 놀이 • 가을 나들이	가을과 열매	• 가을 풍경 • 가을의 변화 • 풍성한 가을 • 추석과 놀이 • 가을 나들이	가을과 자연	• 가을의 변화 • 가을 곡식과 열매 • 우리들의 가을이야기- 추석 • 가을나무와 숲
11월	환경과 생활	• 물과 우리생활 • 돌 · 흙과 우리생활 • 바람 · 공기와 우리생활 • 빛과 우리생활 • 소리와 우리생활	환경과 생활	• 물과 우리생활 • 돌 · 흙과 우리생활 • 바람 · 공기와 우리생활 • 빛과 우리생활, 소리와 우리생활	지구와 환경	• 우리가 사는 지구 • 지구의 변화 • 고마운 지구 • 지구의 보호
12월	겨울과 놀이	• 겨울 날씨 • 겨울 풍경 • 사랑을 나눠요 • 건강한 겨울나기 • 눈과 눈사람	겨울과 놀이	• 겨울 날씨 • 겨울 풍경 • 감사와 사랑을 나눠요 • 건강한 겨울나기 • 신나는 겨울놀이	겨울과 놀이	• 겨울의 모습 • 동식물의 겨울나기 • 겨울철 건강과 안전 • 이웃과 함께 하는 겨울 • 새해맞이와 놀이
1월	생활도구	• 다양한 생활도구 • 생활도구를 움직이는 힘 • 생활도구로서의 미디어	생활도구	• 다양한 생활도구 • 생활도구를 움직이는 힘 • 생활도구로서의 미디어, 미래의 생활도구	기계와 생활	• 편리한 생활도구 • 우리 주변의 기계 • 우리는 발명가 • 미래의 생활
2월	형님이 되어요	• 많이 컸어요 • 동생들에게 알려주어요 • 형님이 될 준비를 해요 • 즐거웠던 우리반	형님이 되어요	• 많이 컸어요 • 동생들에게 알려주어요 • 형님이 될 준비를 해요 • 즐거웠던 우리반	초등학교에 가요	• 궁금한 초등학교 • 일학년이 되면 • 즐거웠던 어린이집 1 • 즐거웠던 어린이집 2

※ 연간의 주제는 개별 어린이집의 교육과정에 따라 소주제를 조정하여 주별로 재구성할 수 있습니다.

〈표 4-3〉은 만 4세의 연간 보육계획안 예시다.

〈표 4-3〉 만 4세 연간 보육계획안

월	주제	소주제	행사 및 현장학습	부모협력
3월 1주 ~ 3월 4주	어린이집과 친구	• 어린이집의 환경 • 어린이집에서의 하루 • 어린이집에서 만난 친구 • 함께 만드는 어린이집	입학	재원생 OT
4월 1주 ~ 4월 2주	봄	• 봄의 변화 • 봄의 풍경	봄 소풍 꽃시장 현장학습	부모 개별 면담
4월 3주 ~ 5월 1주	동식물과 자연	• 동물과 우리생활, 궁금한 동식물 • 식물과 우리생활, 궁금한 동식물 • 자연과 더불어 사는 우리	텃밭 가꾸기	
5월 2주 ~ 5월 5주	나와 가족	• 나의 몸과 마음 • 소중한 나 • 소중한 가족 • 가족의 생활과 문화	어린이날 행사 가족 운동회	운영위원회
6월 1주 ~ 6월 3주	우리동네	• 우리 동네 모습, 우리 동네 생활 • 우리 동네 사람들 • 우리 동네 전통과 문화	지역기관 현장학습 시장놀이	부모교육
6월 4주 ~ 7월 2주	건강과 안전	• 즐거운 운동과 휴식, 깨끗한 나와 환경 • 맛있는 음식과 영양 • 안전한 놀이와 생활	체격검사	운영위원회
7월 3주 ~ 7월 4주	여름	• 여름의 날씨와 물놀이 • 여름 풍경	물놀이	
7월 5주 ~ 8월 3주	교통기관	• 여러 가지 육상 교통기관 • 고마운 육상 교통기관 • 항공/해상 교통기관 • 즐거운 교통생활	어린이 교통 박물관 현장학습 자전거 면허증 따기	부모교육 (외부 강사 초청)

8월 4주 ~ 9월 2주	우리나라	• 우리나라 사람들의 생활 • 우리나라의 놀이와 예술 • 우리나라의 역사, 우리나라의 자랑거리	민속박물관 현장학습 세대간 지혜나눔	부모참여 수업
9월 3주 ~ 10월 1주	세계 여러나라	• 세계 여러 나라 사람들의 생활 • 세계 여러 나라의 문화유산 • 세계 여러 나라와의 교류, 세계의 자연과 사회현상	부천 아인스월드 (미니어쳐 테마파크)	부모참여 수업
10월 2주 ~ 11월 1주	가을과 열매	• 가을 풍경 • 가을의 변화 • 풍성한 가을 • 추석과 놀이 • 가을 나들이	가을소풍 텃밭 작은 수확활동	
11월 2주 ~ 12월 1주	환경과 생활	• 물과 우리생활 • 돌 · 흙과 우리생활 • 바람 · 공기와 우리생활 • 빛과 우리생활, 소리와 우리생활	생활하수처리장 현장학습	부모 개별면담
12월 2주 ~ 1월 2주	겨울과 놀이	• 겨울 날씨 • 겨울 풍경 • 감사와 사랑을 나눠요 • 건강한 겨울나기 • 신나는 겨울놀이	산타잔치 동지	운영위원회
1월 3주 ~ 1월 5주	생활도구	• 다양한 생활도구 • 생활도구를 움직이는 힘 • 생활도구로서의 미디어, 미래의 생활도구	과학박물관 현장학습 시력검진	
2월 1주 ~ 2월 4주	형님이 되어요	• 많이 컸어요 • 동생들에게 알려주어요 • 형님이 될 준비를 해요 • 즐거웠던 우리반	형님반 둘러보기	신입부모 OT 신입부모 사전면담

4) 월간 보육계획안

다음의 월간 보육계획안은 종전의 연간 보육계획에 의거하여 구성되었으며, 그 내용은 주제 및 소주제에 의한 월별 보육 및 행사와 현장견학 등의 일정을 담고 있다. 따라서 이러한 내용은 연간 보육계획안에 있으므로 월간 보육계획안을 특별히 작성하지 않아도 된다. 그러나 육아정책연구소에서 발행한 보육프로그램(보건복지가족부, 2008)에서 제시하고 있는 월간 보육계획안은 각 달의 주제 아래 각 주별 소주제에 의거한 보육활동, 즉 4주 혹은 5주간의 보육활동에 대한 계획을 담고 있다.

〈표 4-4〉부터 〈표 4-6〉의 월간 보육계획안은 각 주별 활동을 담은 것이다. 그러나 만 0세를 위한 월간 보육계획안은 한 달 동안의 모든 보육활동을 나열하지만 주를 구분하지는 않는다. 만 0세는 한두 가지의 활동을 한 달 동안 자유롭게 반복하여 즐기기 때문에 매 주마다 다른 활동이 새롭게 제시되지 않는 특징이 있다.

보육계획안의 틀은 연령에 따라 다르다. 0세부터 2세까지의 영아를 위한 보육계획안은 일상생활과 놀이활동 중심으로 구성되고, 1세와 2세는 나들이 혹은 바깥놀이와 기본생활습관이 포함되며, 특히 2세부터는 일상생활 영역이 줄어들고 놀이활동이 더욱 구체화되며, 전이활동이 포함된다. 만 3세부터는 유치원의 교육계획안처럼 자유선택활동과 대・소집단 활동, 기본생활습관으로 구성된다.

월간 보육계획안 작성 시 유의사항

- 영아를 위한 보육계획안에는 영아의 발달적 특성과 요구에 필요한 보육활동을 발달과제와 관련지어 선정해야 하므로 모든 활동을 주제와 관련지어서 제시하지 않아도 된다.
- 친숙한 활동과 새로운 활동을 적절하게 안배하여 영유아들의 호기심을 자극하면서 점점 더 난이도를 높여 간다.

- 전년도 보육계획안에서 실행되었던 활동들에 관한 평가기록을 참고하여 계획한다.
- 어린이집은 장시간 동안 영유아들이 생활하는 곳이므로 기본생활습관 형성 프로그램이 보육계획에 포함되도록 한다.
- 수면, 식사(수유, 이유식), 씻기, 배변, 옷 입고 벗기 등과 관련된 기본생활습관의 형성에서 자조능력을 키우는 활동으로 전환되도록 주의한다.
- 한 활동에서 다른 활동으로 전환하기 위하여 소집단의 형태로 전이활동을 짧게 계획할 수 있으며 주로 노래, 손유희, 동시, 동작활동 등을 계획한다.

만 0~5세의 월간 보육계획안 작성의 예시는 〈표 4-4〉부터 〈표 4-6〉에서 볼 수 있다(보건복지부, 2014).

〈표 4-4〉 만 0세 월간 보육계획안

주제: 낯설어요 (3월1주 ~ 4월 5주 보육계획안)

<table>
<tr><th colspan="2">소주제</th><th>엄마와 함께 해요</th><th>선생님을 만나요</th><th>선생님을 만져봐요</th><th>선생님과 놀아요</th><th>익숙해졌어요</th></tr>
<tr><td colspan="2">교사의 준비
및
보육실 점검</td><td>• 보육실 환기하기
• 위생용품 준비하기
• 일일보고서 작성 준비하기</td><td colspan="2">• 보육실 청결 및 세팅하기
• 영아의 개별소지품 확인하기
• 보육용품이나 비품의 모서리 보호대 점검하기</td><td colspan="2">• 수유용품 및 물 준비하기</td></tr>
<tr><td colspan="2" rowspan="2">맞이하기
및
가정과의 연계</td><td colspan="3">• 집에서의 영아의 상태나 특이사항에 대해 이야기 나누기
• 영아의 컨디션 시진하기</td><td colspan="2">• 체온 재기
• 투약의뢰 살피기</td></tr>
<tr><td colspan="3">엄마와 함께 놀러가요</td><td colspan="2">엄마와 선생님이 인사해요</td></tr>
<tr><td rowspan="6">일상생활</td><td rowspan="2">수유
및
이유</td><td>• 교사의 손 씻기
• 이유 테이블 닦기</td><td colspan="4">• 우유나 이유식 준비하기
• 수건, 휴지 등 위생용품 준비하기</td></tr>
<tr><td colspan="3">선생님께 안겨 우유를 먹어요</td><td colspan="2">이유식을 시작해요</td></tr>
<tr><td rowspan="2">낮잠</td><td>• 보육실 환기하기
• 커튼치거나 조도 낮추기</td><td colspan="2">• 잠자리 매트 깔기
• 기저귀 확인하기</td><td colspan="2">• 자는 영아 수시로 살펴보기</td></tr>
<tr><td colspan="3">매트에 누워보자, 쿨쿨</td><td colspan="2">선생님의 토닥임을 느껴보아요</td></tr>
<tr><td rowspan="2">기저귀
갈이</td><td colspan="2">• 물휴지, 소독액 등 위생용품 준비하기
• 기저귀갈이 전 교사의 손 씻기</td><td colspan="3">• 기저귀갈이 매트 소독하기
• 기저귀갈이 후 교사의 손 씻기</td></tr>
<tr><td colspan="5">기저귀 가는 곳으로 가 보아요
쉬, 응가를 하고 기저귀 가는 곳으로 기어가 보아요</td></tr>
</table>

실내자유놀이	신체	영차, 영차, 엄마에게로	엄마와 같이 선생님과 놀아요	아이 간지러워	와르르 무너졌다	선생님이 밀어주는 자동차를 타요
		엄마와 함께 모빌을 만져봐요	손가락인형 잡기	선생님은 흔들의자		
	언어	내 이름은?	누구일까요?	돼지코 놀이	선생님과 옹알이해요	똑똑똑-
		누구 목소리일까?	엄마랑, 선생님이랑 책을 보아요		딩동! 누구세요?	손 흔들어 안녕!
	감각 · 탐색	까꿍! 우리 가족들	선생님, 우리 선생님 여기!	'선생님, 안녕' 노래	없어졌다! 나타났다!	여기가 우리반이에요
				우리 선생님 웃은요	선생님 노랫소리가 좋아요	
실외놀이		엄마와 어린이집 오는 길 둘러보기	어린이집 구경 가자	창문에서 바깥(실외 놀이터) 구경해요	선생님 품에 안겨 바깥 구경해요	유모차 타고 주변 산책하기
귀가 및 가정과의 연계		• 수유 및 이유 상황 전달하기 • 영아의 개별용품 점검 후 요청하기			• 영아의 건강 및 안전의 특이 사항 전달하기 • 어린이집에서 영아의 활동 간략히 전달하기	
		엄마를 반갑게 만나요			엄마의 손을 잡고 집에 가요	

〈표 4-5〉 만 1세 월간 보육 계획안

주제: 느낄 수 있어요(5 ~ 6월 보육계획안)

구분	주	1주	2주	3주	4주	5주	6주	7주	8주	9주	10주
		만져보아요		살펴보아요		들어보아요		맡아보아요		맛보아요	온몸으로 느껴 보아요
등원 및 맞이하기		부모와 교사가 반갑게 인사하기						부모가 친구들과 반갑게 인사하기			
일상생활	기본생활 및 안전	혼자서 양말을 벗어요				양말을 서랍에 넣어요				내 물건을 찾아요	
	점심 및 간식	즐겁게 먹어요				숟가락, 포크를 사용해요				꼭꼭 씹어먹어요	
	낮잠	내 이불, 내 베개를 찾아요				편안한 옷 입고 잠을 자요				이불을 덮고 잠을 자요	
	기저귀갈이/배변활동	친구들도 기저귀가 있어요				기저귀를 휴지통에 버려요				쉬, 응가라고 표현해요	
실내자유놀이	신체	둥근 고리 끼우기 놀이 해요	촉감신발 신고 걸어요	굴러가는 공을 따라가요	데굴데굴 색깔물병	소리 나는 구슬발을 지나가요	부엌 물건으로 '쿵짝쿵짝'	향기주머니 나무	코를 킁킁!!	조물조물 바나나 주스를 만들어요	감각터널을 지나가요
	언어	내 이름을 부르면 대답해요	울퉁불퉁 종이에 끼적여요	이게 뭐야?	내가 끼적인 그림을 보아요	속닥속닥 작은 소리	토닥토닥 발헤기 놀이	코코코	음식 관련 그림 책을 보아요	과일 이름 듣고 말해요	몸을 부딪쳐서 소리내요
	감각 · 탐색	선생님과 로션을 발라요	친구 기저귀를 만져보아요	색깔판으로 보아요	신문지로 놀아요	종이가 쿵쿵	놀잇감으로 소리내요	냄새를 맡아요	음식 봉지 두 조각 퍼즐	과일을 맛보아요	손 발로 물도장을 찍어요
	역할 · 쌓기	소꿉그릇에 밀가루 반죽을 담아요	촉감블록으로 놀이해요	원통블록으로 놀이해요	가방을 메고 다녀요	소리 나는 블록을 쌓아요	동물 소리 듣고 흉내 내요	우유팩을 쌓아요	주스 따르는 흉내 내요	모형음식을 식판에 담아요	하얀 블록에 끼적여요
실외놀이		모래로 놀아요		색깔판으로 공원을 보아요		소리 나는 신발을 신고 걸어요		향기 나는 꽃과 풀을 찾아요		그늘이 시원해요	바람이 불어요
귀가 및 가정과의 연계		놀이 사진을 함께 보아요			‘누가 왔을까?’ 목소리를 들어요				만났을 때 꼭 안아요		
비고		이 주제는 1년 중 어느 시기라도 할 수 있도록 융통적으로 조정할 수 있으나 각 소주제가 적어도 2주 동안 충분히 이루어지도록 계획한다.									

〈표 4-6〉 만 2세 월간 보육계획안

주제: 알록달록 가을이에요. (10 ~ 11월 보육계획안)

주 / 구분		1주 가을이에요	2주 가을나들이	3주 나뭇잎이 물들어요	4주 자연물로 놀이해요	5주 알록달록 색깔나라	6주 재미있는 그리기나라
등원 및 맞이하기		아침에 먹고 온 음식을 이야기해 보기					
기본생활 · 안전		스스로 겉옷을 벗어 보기 길을 잃었을 때는 제자리에서 기다리기			겉옷을 벗어 옷걸이에 걸어 보기 주변의 어른에게 '도와주세요' 이야기해 보기		
일상생활	점심 및 간식	바르게 앉아서 먹어보기 (새로운) 음식을 먹어보기					
일상생활	낮잠	자고 나서 내 베개를 정리해 보기					
일상생활	배변활동	배변 후 선생님의 도움받아(스스로) 옷을 올려 보기 지퍼, 단추 잠궈 보기					
실내자유놀이	신체	낙엽비가 내려요	나뭇잎처럼 움직여보기	나뭇잎 징검다리 건너기	콩 주머니 던지기	색 풍선 놀이	같은 색깔 도미노
실내자유놀이	언어	과일, 열매 까꿍 카드	나들이 사진보며 이야기나누기	나뭇잎에 그림편지 쓰기	자연물(탐색)그림책	색깔에도 이름이 있어요	내가 좋아하는 색깔이 있어요
실내자유놀이	감각 · 탐색	내 짝을 찾아주세요 (과일 반쪽 찾기)	숟가락으로 열매 옮기기	단풍잎(은행잎) 방석	조각 천 염색하기	색 탁구공을 옮기기	알록달록 색 소금 만들기
실내자유놀이	역할 · 쌓기	낙엽을 청소해요	가을 소풍 놀이	나뭇잎(단풍잎,은행잎) 왕관 쓰고 놀이하기	열매, 나뭇잎 소꿉놀이	삼색 밀가루 반죽으로 요리하기	삼색 밀가루 케익 (생일파티놀이)
실내자유놀이	역할 · 쌓기	큰 나무, 작은 나무 쌓아보기	블록 돗자리 만들기	가을 동산 만들기	나무 무늬 블록으로 식탁, 의자 구성하기	알록달록 색깔 길 만들기	무지개 촉감 블록 쌓고 무너뜨리기

	미술	알록달록 가을 나무 꾸미기	산책 가방 만들기	나뭇잎 왕관 만들기	솔방울에 색깔 입히기	색깔 공을 굴려 그림그리기	까만 크레파스 그림
	음률	열매 마라카스 흔들기	노래「오리소풍」에 맞춰 춤추기	나무악기 연주하기	춤추는 씨앗 (큰 북 두드리기)	리듬악기 두드리며 「가을바람」 노래 부르기	색 스카프 흔들기
실외놀이		동물 인형 목욕시키기	여러 가지 색, 모양의 나뭇잎이 있어요	가을나들이	나뭇가지에 매달린 물체 탐색하기	흙으로 놀아요	색 돋보기로 바깥풍경 관찰하기
		여러 가지 색과 모양의 나뭇잎이 있어요	가을나들이	나뭇가지에 매달린 물체 탐색하기	흙으로 놀아요	색 돋보기로 바깥풍경 관찰하기	무지개 낙하산 놀이
귀가 및 연계	귀가	가을 날씨 이야기하며 귀가하기			나뭇잎의 변화 살펴보며 귀가하기		
	가정 및 지역사회 연계	가정과의 연계 – 가족과 함께 공원 나들이해 보기 지역사회와의 연계 – 공원으로 산책가기 (어린이집에서 가까운 근린공원으로 산책가기)					
비고		• 잘자요 달님 • 숲속에 숲속에 • 날마다 자라요	• 풀밭에 풀밭에 • 나무에 나무에 • 봉숭아 하나 둘 셋	• 나무 • 사과야 빨리 익어라 • 행복한 껴안기	• 재미난 그림책 • 무엇을 만들까? • 사과를 자르면	• 깜짝 깜짝 색깔들 • 맛있는 그림책 • 사과가 쿵	• 엉뚱한 그림책 • 크고 작고 • 무엇을 만들까?
		이 주제는 10월 중순~11월에 실시해 보도록 하는 것이 바람직하다. 가을의 날씨를 고려하여 진행시기를 정하고 색깔 주제와 연계하여 6주 동안 계획하되, 교사가 융통성 있게 운영할 수 있다.					

5) 주간 보육계획안

주간 보육계획안에는 주제에 맞는 구체적인 활동을 선정하고 이를 각 요일에 배치하여야 한다. 영아의 경우는 영아의 발달과업상 필요한 보육활동을 일상생활 영역에 구체적으로 명시하고, 기본생활습관 형성에 관한 보육 내용도 수립한다. 또한 주제와 관련된 활동을 선정하여 놀이 영역에 요일별로 배치한다. 유아의 경우는 기본생활습관에 관한 보육활동과 더불어 자유선택활동 및 대 · 소집단 활동 영역에 주제와 관련된 활동을 각 요일별로 배치한다. 주간 보육계획안을 수립할 때에는 활동만 선정할 것이 아니라 활동에 필요한 교재교구도 함께 선정하고, 환경구성도 주간 주제에 맞게 계획한다. 특히 주간 보육계획의 경우, 학급의 운영을 한눈에 볼 수 있고, 일주일 동안의 준비사항이나 활동계획의 윤곽이 제시되기 때문에 하루일과의 흐름에 따라 제시하여야 한다.

만 0세의 경우 발달특성상 몇 가지 활동을 계획하여 같은 활동을 여러 번 반복하기 때문에, 주간 보육계획안을 따로 계획하지 않고 월간 보육계획안에 근거해 개별 영아와 교사가 놀이를 반복적으로 즐기는 것이 보다 적합하다(보건복지가족부, 2008).

주간 보육계획안 작성 시 유의사항

- 월간 보육계획안을 토대로 주제 전개의 효율성, 활동의 난이도 등을 고려하여 활동을 각 요일별로 배분한다.
- 목표에 따라 선정된 활동을 주간 계획안에 단계적, 연속적으로 배치한다.
- 주간 보육계획은 한 주간의 보육활동으로서 각 영역별 활동을 골고루 경험할 수 있도록 활동 영역의 균형 및 통합을 고려하여 계획한다.
- 일상생활, 놀이활동 혹은 자유선택활동, 정리정돈 및 전이활동, 점심 및 간식, 양치 등의 기본생활습관, 실외놀이 등을 포함하여 영유아의 요구에 맞추어 융

통성 있게 계획한다.

- 정적 활동과 동적 활동, 실내놀이와 실외놀이가 균형 있게 이루어지도록 구성한다.
- 각 주의 보육활동은 지난주 및 다음 주 보육 내용과 연계가 이루어지도록 계획한다.
- 전년도에 실행되었던 주간 보육계획안에 관한 평가기록을 참고하여 수립한다.

만 1~5세의 주간 보육계획안 작성의 예는 〈표 4-7〉부터 〈표 4-11〉에서 볼 수 있다(보건복지부, 2014).

〈표 4-7〉 만 1세 주간 보육계획안

주제: 느낄 수 있어요.

소주제: 만져보아요 (5월 1주 보육계획안)

활동 \ 요일		월	화	수	목	금
등원 및 맞이하기		• 부모와 교사가 반갑게 인사하기				
일상생활	기본 및 안전	• 혼자서 양말을 벗어요				
	점심 및 간식	• 즐겁게 먹어요				
	낮잠	• 내 이불, 내 베개를 찾아요				
	기저귀갈이/배변활동	• 친구들도 기저귀가 있어요				
실내자유놀이	신체	• 둥근 고리 끼우기 놀이해요				
	언어	• 내 이름을 부르면 대답해요				
	감각 · 탐색	• 선생님과 로션을 발라요				
	역할 · 쌓기	• 소꿉그릇에 밀가루 반죽을 담아요				
실외놀이		• 모래로 놀아요				
귀가 및 가정과의 연계		• 놀이 사진을 함께 보아요				

〈표 4-8〉 만 2세 주간 보육계획안

주제: 알록달록 가을이에요 (10월 1주 보육계획안)

구분		월	화	수	목	금
등원 및 맞이하기		• 아침에 먹고 온 음식을 이야기해 보기				
일상생활	기본생활 · 안전	• 스스로 겉옷을 벗어 보기 • 길을 잃었을 때는 제자리에서 기다리기				
	점심 및 간식	• 바르게 앉아서 먹어 보기 • (새로운) 음식 먹어 보기				
	낮잠	• 자고 나서 내 베개를 정리해 보기				
	배변활동	• 배변 후 선생님의 도움 받아(스스로) 옷을 올려 보기				
실내자유놀이	신체	• 낙엽비가 내려요				
	언어	• 과일 열매 까꿍 카드				
	감각 · 탐색		• 내 짝을 찾아 주세요 (과일 반쪽찾기)			
	역할 · 쌓기	• 낙엽을 청소해요				
				• 큰 나무, 작은 나무 쌓아 보기		
	미술		• 알록달록 가을나무 꾸미기			
	음률			• 열매 마라카스 흔들기		
실외놀이		• 동물 인형 목욕시키기		• 여러 가지 색, 모양의 나뭇잎이 있어요		
귀가 및 연계	귀가	• 가을 날씨 이야기하며 귀가하기				
	가정 및 지역사회 연계	• 가정과의 연계 – 가족과 함께 공원 나들이해 보기				

〈표 4-9〉 만 3세 주간 보육계획안

주제: 건강과 안전

소주제: 안전한 놀이와 생활(7월 4주 보육계획안)

활동 \ 요일		월	화	수	목	금
기본생활		• 물놀이 시 뛰지 않기				
등원		• 등원 길에 위험한 것이 있었는지 이야기하기				
오전 자유 선택 활동	쌓기 놀이 영역	• 무너지지 않게 쌓아요 • 수영장 놀이				
	역할 놀이 영역	• 나는야 수영장 안전요원				
	미술 영역	• 안전모자 만들기 • 차와 사람이 다니는 길은 달라요				
	언어 영역	• 안돼요! 싫어요! 도와주세요! • 어떤 표지판일까요?				
	수과학 · 조작 영역	• 조작 : 화살표를 돌려요: 안전한 곳, 위험한 곳 • 수 : 멈추고 살펴요 • 과학 : 내가 놀이실에서 사용하는 도구예요 캄캄할 때 잘 보이는 색				
	음률 영역	• 달리다가 멈추기 • 멈춰요				
실외활동		• 줄을 움직여요 • 표지판 약속을 지켜요				
점심 및 낮잠		• 숟가락, 포크, 바르게 잡고 먹기				
오후자유 선택활동		• 실외 : 위험해요 • 실외 : 교통안전지킴이				
귀가 및 가정과의 연계		• 횡단보도를 안전하게 건너 보기				
비고						

〈표 4-10〉 만 4세 주간 보육계획안

주제: 생활도구

소주제: 다양한 생활도구(1월 3주 보육계획안)

구분		월	화	수	목	금
기본생활		• 전기 아껴 쓰기				
등원		• 어린이집, 가정에서 사용하는 생활도구에 관심 갖기				
오전 자유 선택 활동	쌓기 놀이 영역	• 내 책상을 만들어요		• 종이벽돌 도미노 놀이		
	역할 놀이 영역			• 부엌 놀이를 해요		
	미술 영역	• 생활도구 본뜨기		• 비밀 그림을 그려요	• 사진기를 만들어요	
	언어 영역	• 도구의 이름을 찾아요		• 좋아요		
	수과학 · 조작 영역	• 조작 : 컵으로 놀아요		• 조작 : 어떤 도구로 잴까요?		
		• 과학 : 편리한 깔대기		• 과학 : 드라이버를 안전하게 사용해요		
	음률 영역	• 신기한 자석		• 가위 안전송		
대 · 소 집단 활동		• 동시 : 필요해요	• 이야기나누기 : 점점 편리해져요 • 음악 : 무엇이 필요할까요?	• 신체 : 꽁꽁감아라, 술술 풀어라	• 동화 : 내가 제일 멋진 도구야 • 게임 : 나는 안전왕	• 요리 : 달걀찜 만들기
실외활동		• 뚝딱뚝딱 길을 내자		• 받아라 바톤		
점심 및 낮잠		• 좋아하는 음식과 싫어하는 음식 함께 먹어보기				
오후자유 선택활동		• 실외 : 모래와 실이 만나면? • 기억게임 • 도형 이용하여 도구 그리기				
귀가 및 가정과의 연계		• 가정에서 가족들이 사용하는 다양한 생활도구 찾아보기				
비고		〈이야기나누기〉 도구가 필요해요 〈이야기나누기〉 여러 가지 가방 〈이야기나누기〉 아차 조심해요 〈게임〉 안전 그림을 찾아요 〈게임〉 힘센 보자기 〈동화〉 신기한 요술냄비 〈현장체험〉 우리 동네 마트가요 〈음악〉 주전자				

〈표 4-11〉 만 5세 주간 보육계획안

주제: 봄과 동식물

소주제: 동물들의 봄나들이(4월 3주 보육계획안)

활동 \ 요일		월	화	수	목	금
기본생활		• 옷 제자리에 걸기				
등원		• 등원 길에 곤충 이야기 하기				
오전 자유 선택 활동	쌓기 놀이 영역		• 쿨쿨 곰가족		• 개미집을 지어요	
	역할 놀이 영역	• 올챙이 연못나라		• 애벌레의 변신		
	미술 영역	• 개구리 접어 연못 꾸미기				
				• 나비모빌 만들기		
	언어 영역	• 곰 사냥을 떠나자		• 나비의 일기장		
	수과학 · 조작 영역		• 수: 개구리 성장패턴	• 과학: 지렁이화분 만들기	• 수: 무당벌레 주사위 게임	
	음률 영역		• '나비야' 악기놀이		• 올챙이와 개구리	
대 · 소집단 활동		• 이야기나누기: 겨울잠에서 깨어났어요 • 신체: 곰 잡으러 간단다	• 이야기나누기: '개구리 왕자'와 약속 • 음악: 개구리 가족	• 요리: 무당벌레 주먹밥	• 동극: 무지개 나비가 되었어요	• 이야기나누기: '나비의 일기장' 함께 들어보기
실외활동		• 개구리 발자국 찍기		• 나비카드 붙이기		
점심 및 낮잠				• 지렁이화분에 음식물 찌꺼기 넣어 보기		
오후자유 선택활동		• 실외: '나비야' 노래에 맞춰 춤추기(확장) • 나비의 일기장 만들어 보기(확장)				
귀가 및 가정과의 연계		• 곤충 그림책 집에서 함께 읽어 보기				
활동간 연계		※ 가능한 활동간 연계의 예 • 〈오전 언어〉 나비의 일기장 ⇒ 〈오후〉 나비의 일기장 만들어 보기(확장) ⇒ 〈대 · 소집단〉 '나비의 일기장' 함께 들어보기 • 〈오전 언어〉 곰 사냥을 떠나자 ⇒ 〈대 · 소집단〉 곰 잡으러 간단다 • 〈오전 음률〉 '나비야' 악기놀이 ⇒ 〈실외〉 '나비야' 노래에 맞춰 춤추기(확장)				

6) 일일 보육계획안

일일 보육계획은 주간 보육계획에서 선정한 활동을 하루일과의 시간대별로 활동의 순서를 정하여 영유아들과 하루를 어떻게 보낼 것인지를 계획하는 것이다. 여기에는 활동의 목표와 내용, 활동에 필요한 준비물 등을 기록한다. 교사는 작성된 일일 보육계획에 근거하여 보육활동을 실행하되 영유아의 흥미나 요구 혹은 그날의 상황(눈/비, 특별한 사건 등)의 변화에 따라 융통성 있게 운영한다. 실행 후에는 실제 진행된 활동 및 일과와 함께 활동에 대한 평가도 기록하여 다음 보육계획에 반영하도록 한다.

일일 보육계획안 작성 시 유의사항

- 모든 보육활동은 구체적인 실시 시간, 보조교사 혹은 부모 자원봉사자 유무, 장소 등을 결정하고, 이를 고려하여 필요한 교재교구 등의 준비를 계획한다.
- 하루일과는 어느 정도 규칙성과 일관성이 있게 운영되도록 계획해야 한다. 식사(혹은 수유), 낮잠, 기저귀 갈기, 놀이활동 등의 일과가 규칙성 있게 반복적으로 이루질 때 영유아는 이러한 일과를 예상할 수 있게 되어 안정감을 가지게 되고, 자신의 행동과 요구를 점차 조절할 수 있게 되며, 능동적으로 활동을 할 수 있게 된다.
- 하루 중 동적 활동과 정적 활동, 실내 활동과 실외 활동, 교사가 주도하는 활동과 영유아가 주도하는 활동이 균형 있게 안배되도록 한다.
- 교사와 영유아, 영유아와 영유아, 영유아와 교구 등 다양한 유형의 상호작용이 일어날 수 있도록 계획하고, 충분한 탐색 시간을 제공하여 영유아가 주도적이고 독립적으로 놀이할 수 있도록 배려한다.
- 활동과 자료를 최적으로 경험할 수 있도록 반복하여 제시하도록 계획한다.
- 영유아의 흥미나 특별한 사건 등을 고려하여 계획된 활동을 융통성 있게 운영

하도록 한다.

- 일과가 끝난 후에는 실시된 활동을 기록하며, 계획하지는 않았으나 영유아의 관심에 따라 진행되었던 활동도 기록하여 다음 보육계획에 참고자료로 활용할 수 있도록 한다.
- 일과 진행 후 실시된 활동의 평가를 기록함으로써 각 활동의 성취도, 적절성, 문제점 등을 파악하여 다음 활동의 계획 및 영유아에 대한 참고자료로 활용할 수 있다.

영아반과 유아반의 일일 보육계획안 작성의 예시는 〈표 4-12〉 〈표 4-13〉에서 볼 수 있다(보건복지부, 2014).

〈표 4-12〉 영아반의 일일보육 계획안 예시

2세 일일보육계획 및 실행		2○○○년 10월 ○일 월요일 날씨 : 맑음	담임	원장
주제	알록달록 가을이에요			
소수제	가을이에요			
구분	활동 계획 및 방법	준비물 및 유의점	실행	
7:30~9:00 등원 및 통합보육	• 등원하는 영아 반갑게 맞이하기 • 영아의 기분과 건강상태 확인하기 • 스스로 소지품 정리할 수 있도록 도와주기 • 투약 의뢰서 유무 확인하기 • 통합 보육실에서 자유놀이하기	출석카드 투약의뢰서 일일연락장 영역별 놀잇감	부모님과 등원하는 영아에게 아침에 무엇을 먹었는지를 물어보거나, 자신이 무엇을 먹었는지에 대해 이야기를 나누었다.	
9:00~9:30 화장실가기 및 오전간식	• 화장실 다녀오기 및 손씻기 • 준비된 간식 가지고 자리에 앉기 • 간식 먹은 후 함께 자리 정리하기	씨리얼 우유		

9:30~10:50 오전 실내자유놀이	• 새로운 영역활동 개별적으로 소개하기 • 관심 있는 영역에서 자유롭게 활동하도록 돕고 긍정적 상호작용 나누기 • 교사의 도움이 필요한 놀이에 적절히 참여하기 [신체] 낙엽비가 내려요 –이전에 산책활동을 통해 낙엽을 뿌리며 관찰한 경험 회상하기 –환경 인쇄물로 만든 낙엽을 위로 던지며 움직임 관찰하기 [언어] 과일 · 열매 까꿍카드 –벽에 붙인 과일 · 열매 사진을 보고 함께 탐색하기 –까꿍판에 같은 사진 넣어 함께 열어 보고 탐색하기 –벽에 붙인 사진과 까꿍판 같은 사진 고르기 [감각 · 탐색] [역할 · 쌓기] 낙엽을 청소해요 –종이 낙엽이 떨어진 바닥을 함께 빗자루로 쓸고 쓰레받기에 담아보기 [미술] [음률]	과일열매사진, 까꿍판, 환경 인쇄물 종이낙엽, 영아용 빗자루와 쓰레받기, 영역별 기본 놀잇감	[언어] 벽에 붙은 과일 사진을 보고 '사과'라고 말하기도 하고 까꿍판을 열고 '사과'가 나오자 벽을 바라보며 사진을 찾는 모습이 관찰되었다. 벽에 있는 사진과 까꿍판 사진을 탐색한 후 같은 사진을 찾아볼 수 있었다. [역할] 종이 낙엽을 빗자루로 쓸어서 쓰레받기로 담다가 몇 개가 담기 힘들자 손으로 집어 쓰레받기에 담기도 했다. 그리고 또 쏟아서 쓸고 담는 놀이를 반복했다. 어떤 친구는 쓰레받기에 낙엽을 담아서 휴지통에 넣으려고 하였다. "청소하자"라는 말에 대한 친구들의 반응이 전보다 빨라졌다.
10:50~11:10 정리정돈 및 화장실가기	• 놀잇감 바르게 사용하도록 안내하고 함께 정리하기 • 화장실 다녀오기		

11:10~11:50 실외놀이 및 손씻기	[실외활동] 동물 인형 목욕시키기 -전 주에 했던 활동 회상 질문하기 -좋아하는 동물 인형을 스스로 선택하여 함께 목욕놀이하기 (대체활동) 실내에서 동물 인형 목욕시키기 • 화장실 다녀오기 및 손씻기	동물 인형, 수조, 목욕의자, 스펀지, 비누, 수건	여러 가지 동물 인형 바구니를 함께 들고 나갔다. 비누칠을 해주면서 '세수해'라고 말하기도 하고 수건에 동물 인형을 눕혀서 '시원해'라고 말하기도 했다.
11:50~13:20 점심식사 및 이닦기	• 골고루 음식 먹고 함께 정리하도록 안내하기 • 이 닦기 • 먼저 먹은 친구는 자유롭게 놀이하기	현미밥 맑은 콩나물국 채소치즈계란말이 연근조림 배추김치	밥을 먹다가 숟가락을 떨어뜨리자 한 친구가 자기 숟가락을 들고 '줄까?'라고 했다. 다른 수저로 교체해주니까 '좋아?'라고 친구에게 말을 했다.
13:20~15:00 낮잠	• 편안한 분위기 느끼도록 낮잠준비 • 편하게 낮잠자기 • 개인이불 함께 정리하기		
15:00~15:30 화장실가기 및 오후간식	• 화장실 다녀오기 및 손씻기 • 준비된 간식 가지고 자리에 앉기 • 간식 먹은 후 함께 자리 정리하기	간장비빔쌀국수 사과	
15:30~16:50 오후 실내자유놀이	• 원하는 영역에서 자유롭게 놀기 • 놀잇감 바르게 사용하도록 안내하고 함께 정리하기		[신체] 낙엽을 보여주며 "우리 공원에서 보았지요?"라고 말하니까 어떤 친구는 고개를 끄덕이기도 했다. 미리 만든 종이낙엽을 손으로 집어 서로에게 뿌려주며 친구와 어울려 놀이할 수 있었다. '또'라고 말하며 손을 잡아 끌기도 하였고, 낙엽을 뿌리는 활동이 반복되었다.

16:50~17:30 실외놀이 및 손씻기	[실외활동] 실외 놀이터에서 자유놀이 (대체놀이) 실내 유희실에서 자유놀이 • 화장실 다녀오기 및 손씻기		
17:30~19:30 귀가 및 통합보육	• 통합보육 하면서 개별적으로 귀가하기 • 자신의 소지품 함께 정리해보기 • 선생님과 친구에게 '안녕' 인사하기		귀가하는 친구에게 "오늘 뭐했는지 엄마에게 말해보자."라고 했더니 손을 위로 올리면서 웃었다. 궁금해하는 어머니께 낙엽을 뿌리는 활동을 흉내내는 것 같다고 말씀드렸다.
일일 평가	산책을 하면서 낙엽을 줍고 손으로 뿌리기도 한 경험이 영아들에게 인상깊었던 것 같다. 낙엽비 활동을 할 때 이전 경험이 자연스럽게 회상되어 매우 즐거워하였는데 좀 더 활발한 활동 지원을 위해 내일은 넓은 공간에서 활동을 해보아야겠다.		
비고	개별 침구 요청 : 민수 어머님께 귀가 시간에 금요일에 보내드린 개별 침구를 보내주지 않아 여벌침구로 낮잠지도를 했다고 말씀드리고 내일 침구를 보내달라고 말씀드림		

〈표 4-13〉 **유아반의 일일보육 계획안 예시**

4세 일일보육계획 및 실행		2○○○년 1월 ○일 수요일 날씨 : 맑음	담임	원장
주제	생활도구			
소수제	다양한 생활도구			
구분	활동 계획 및 방법	준비물 및 유의점	실행 및 평가	
7:30~9:00 등원 및 통합보육	• 유아의 기분과 건강상태 확인하기 • 스스로 소지품을 정리할 수 있도록 도와주기 • 투약 의뢰서 유무 확인하기 • 통합 보육실에서 자유놀이하기	투약의뢰서 일일연락장 영역별 놀잇감		

9:00~10:30 오전 자유선택활동	• 새로운 영역활동 소개하기 • 어린이집, 가정에서 사용하는 생활도구에 관심 갖기 • 관심 있는 영역에서 자유롭게 활동하도록 돕고, 교사 및 또래와 긍정적 상호작용 나누기 • 교사의 도움이 필요한 놀이에 적절히 참여하기 • 놀잇감 바르게 사용하고 정리하도록 안내하기	영역별 놀잇감, 활동이 제시된 교구 일체, 줄자, 부엌 배경 그림, 부엌 도구 실물자료, 물감, 붓, 흰도화지, 양초, '도구를 찾아주세요' 그림카드, 도구 그림카드, 도구 이름 카드, 도구 그림과 도구이름이 함께 인쇄된 기본판, 임의측정 도구(클립, 지우개, 벽돌블록, 끈, 네임펜), 결과 기록지, 필기도구, 자석이 사용되는 상황의 사진, 다양한 모양의 자석, 자석 실험을 위한 다양한 도구, '여우야 여우야' 반주 음원 과일열매사진, 까꿍판, 환경 인쇄물 종이낙엽, 영아용 빗자루와 쓰레받기, 영역별 기본 놀잇감	
	[쌓기놀이] 종이벽돌 도미노 놀이 –종이벽돌 블록을 자유롭게 늘어놓고 쓰러뜨려 보기 –친구와 함께 동일한 개수의 종이벽돌 블록으로 도미노 놀이를 해보고 쓰러진 상태의 길이를 줄자로 재어 보기 –동일한 개수의 블록을 쓰러뜨렸을 때 길이가 다를 경우 이유를 예측해 보기(블록을 나열할 때 블록 간의 간격 차이 등)		
	[역할놀이] 부엌놀이를 해요 –종이벽돌 블록을 자유롭게 늘어놓고 쓰러뜨려 보기 –친구와 함께 동일한 개수의 종이벽돌 블록으로 도미노 놀이를 해보고 쓰러진 상태의 길이를 줄자로 재어 보기 –동일한 개수의 블록을 쓰러뜨렸을 때 길이가 다를 경우 이유를 예측해 보기(블록을 나열할 때 블록 간의 간격 차이 등)		
	[미술] 비밀 그림을 만들어요 –양초를 살펴보며 어떤 놀이를 할 수 있을지 예측해 보기 –흰 도화지의 양초 그림을 보며 어떤 느낌인지, 왜 그림이 보이지 않을지 이야기 나누기 –물감을 칠한 후 나타나는 그림을 보며 느낌 나누기		

	[언어] 도구의 이름을 찾아요 –'도구를 찾아주세요' 상황 그림 카드를 보며 각각의 상황에 필요한 도구에 대해 이야기 나누기 –도구 그림 카드를 보며 이름 카드 붙여보기 –도구 이름 찾기 수수께끼 놀이를 해보기		
	[수과학 · 조작] 어떤 도구로 잴까요? –책상의 길이를 잴 수 있는 방법에 대해 이야기 나누기 –책상의 길이를 잴 수 있는 도구를 찾아보기 –여러 가지 도구를 이용하여 책상의 길이를 재어보고 친구의 것과 비교해보기	오전간식: 쇠고기 버섯죽	
	[음률] 신기한 자석 –생활 속에서 자석이 사용되는 상황의 사진을 보며 이야기나누기 –자석의 특성을 탐색한 후 '여우야 여우야' 노래에 맞추어 개사하여 노래를 부르며 자석에 붙는 것과 붙지 않는 것을 실험해보기 • 화장실 다녀오기 및 손 씻기 • 준비된 간식 가지고 자리에 앉기 • 간식 먹은 후 자리 정리하기		
10:30~10:50 정리정돈 및 화장실가기	• 가지고 놀던 놀잇감을 제자리에 정리한 후 화장실 다녀오기		
10:50~11:20 대 · 소집단 활동	[신체] 꽁꽁 감아라, 술술 풀어라 –줄을 보며 어떤 놀이를 해볼 수 있는지 예측해보도록 하기 –줄을 이용하여 노는 모습을 그림을 통해 살펴보며, 놀이하는 모습에 대해 이야기나누기 –줄감기와 풀기를 재미있고 안전하게 할 수 있는 방법에 대해 생각해보도록 하기 –두 명의 유아가 줄을 이용하여 놀이하기	유아의 3배 길이의 줄(양쪽으로 유아몸통 크기의 고리를 묶은 것), 줄을 이용한 놀이 모습(줄넘기, 꼬마야 꼬마야, 고무줄놀이, 통과하기, 줄감기) 삽화, 노랫말(펑펑장서방을 개작한 노랫말) 적은 가사판	

11:20~12:20 실외활동/ 손 씻기	[실외활동] 받아라 바톤 -바톤을 이용해서 어떤 게임을 할 수 있을지 이야기해보기 -바톤을 다양한 방법으로 전달해보기(머리위, 다리 사이, 옆 친구에게 전달하기) -바톤을 떨어뜨리지 않고 잘 전달할 수 있는 방법에 대해 이야기해보기 ★ 우천 시: 실내 유희실에서 활동하기 • 화장실 다녀오기 및 손씻기	물, 세로로 반 자른 페트병, 여러 모양과 길이의 PVC파이프, 유아용 삽, 바가지, 물통, 조리개, 비닐, 물에 뜰 수 있는 여러 가지 물건(나뭇잎, 스티로폼 공, 종이배 등)	
12:20~13:20 점심식사/ 이닦기	• 좋아하는 음식과 싫어하는 음식 함께 먹어보기 • 개별적인 상호작용을 하며 올바른 식습관 지도하기 • 이 닦기	검은쌀밥 건새우아욱국 사태떡찜 참나물무침 김치	
13:20~14:00 조용한 활동, 정리정돈 및 낮잠 준비	• 점심식사가 끝난 유아들은 책보기 등 조용한 활동을 하며 기다리기 • 정리정돈 및 화장실 다녀오기 • 베개 및 낮잠 이불 찾아 자기 자리에 눕기	교실에 비치된 책	
14:00~15:30 낮잠 및 휴식	• 동화듣기 • 낮잠 자기 및 음악 들으며 누워서 휴식하기		
15:30~16:00 낮잠깨기 및 정리정돈	• 먼저 일어난 유아들은 화장실을 다녀온 후 다른 유아가 일어날 때까지 책보기 등의 정적인 놀이하기 • 낮잠 침구 장에 정리하기		
16:00~16:30 오후간식	• 손 씻고 간식 먹기 • 준비된 간식가지고 자리에 앉기 • 간식 먹은 후 스스로 자리 정리하기	약식, 과일	

16:30~18:00 오후 자유선택활동	[실외] 모래와 실이 만나면? -모래놀이터에서 실을 가지고 할 수 있는 놀이에 대해 생각해보기 -모래 속에 실을 묻어 실 끝을 잡고 잡아당겨보기 -실의 가닥 수, 잡아당기는 속도, 방향 등에 따라 모래 위에 나타나는 다양한 모양을 살펴보기 • 화장실 다녀오기 및 손 씻기	모래, 실	
18:00~19:30 통합보육 및 귀가	• 개별적으로 조용한 놀이를 하면서 부모님이 오시는 대로 귀가하기 • 자신의 소지품 정리하기/선생님과 친구에게 인사하기 • 가정에서 가족들이 사용하는 다양한 생활도구를 찾아보도록 연계하기	일일연락장, 영역별 놀잇감	
일일 전체 평가			
기본생활관련	※ 전기 아껴쓰기에 대해 일주일간 상황관련해서 경험하기		

2. 교구계획안

구체적인 활동 계획을 세운 후 각 활동에 사용될 교구를 준비해야 한다. 교구를 제작할 때에는 구체적인 활동과 그에 따른 활동 목표를 분명히 인식하고 그에 적절한 교구를 고안하여 제작 계획을 미리 세운 후 만든다. 교구를 제작할 때에는 영유아의 연령, 활동의 유형, 활동 인원, 생활주제 등을 고려하여 제작해야 한다. 교구계획안에는 교구의 제작 과정에 대한 사진을 첨부하고, 활동 방법과 유의점을 함께 작성하는 것이 좋고, 이후 활동 모습까지 첨부하면 나중에 많은 도움이 된다. 교구계획안의 예시는 〈표 4-14〉 〈표 4-15〉와 같다.

〈표 4-14〉 교구계획안 예시 1

주제	ㅇㅇ놀이	소주제	ㅇㅇ가 되었어요
교구명	꼬마 자동차 붕붕	영역	신체 · 역할
재료	다양한 색의 펠트지, 자, 가위, 글루건, 바늘, 실, 찍찍이, 단추		
제작 방법	1. 펠트지에 가로 25cm, 세로 30cm 크기의 자동차 단면을 그린다. 2. 자동차 단면의 한쪽 방향에 가로 10cm, 세로 15cm 사각형을 점선으로 그려 오린다. 3. 같은 색상으로 두 개 만든다. 4. 점선으로 그린 부분을 접어 바느질한다. 5. 가로 10cm, 세로 8cm 크기의 창문 두 개와 지름 8cm 바퀴 네 개를 오려 글루건으로 붙인다. 6. 4cm 두께의 어깨끈 두 개를 잘라 글루건으로 붙인다. 7. 찍찍이를 사용하여 조절이 가능하도록 한다.	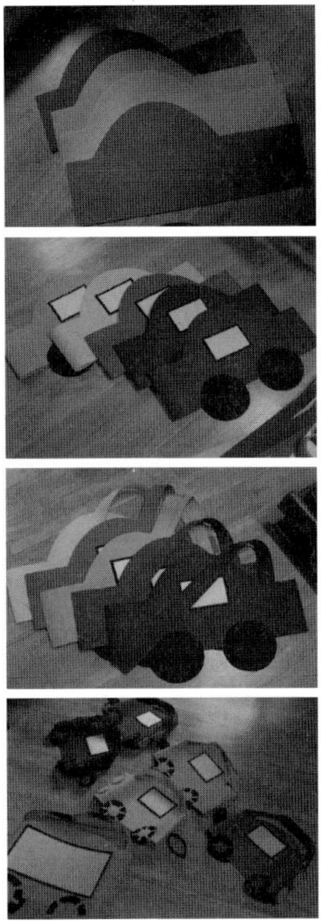	
활동 방법	1. 자동차를 탐색한다. 2. 좋아하는 색의 자동차 옷을 골라 입는다. 3. 자동차 옷을 입고 자유롭게 움직인다. 4. 교실에 만들어진 도로 위를 걷는다. 5. 교사의 신호등 불 색에 따라 움직임과 멈춤 놀이를 한다. 6. '그대로 멈춰라' 노래를 들으며 초록색과 빨간색 불에 따라 움직임과 멈춤 놀이를 한다.		

	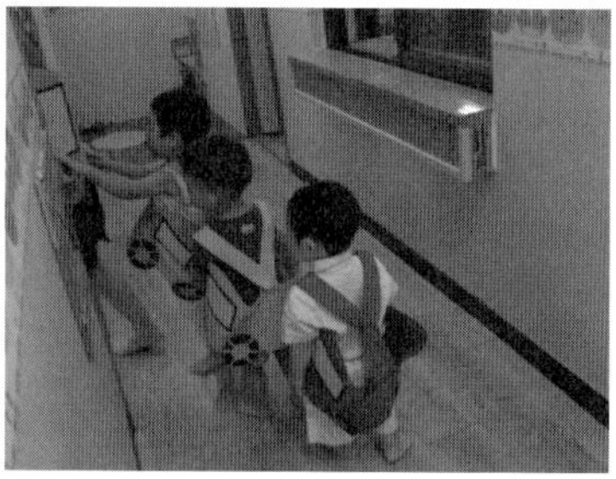 기차놀이
보완점	• 자동차 색상마다 두 가지씩 만들어 색을 선택하는 갈등 상황을 줄여야겠다. • 자동차 어깨끈과 자동차가 연결되는 부분이 끊어질 우려가 있어 한 번 더 펠트지를 대어 바느질하면 좋을 듯하다.
유의점	• 실외 자유놀이 시간에 잔디에서 자동차 옷을 입고 반환점 돌아오기 게임을 해도 좋을 듯하다. • 기차놀이 시에는 영아들이 앞 친구에게 걸려 넘어지지 않도록 주의한다.

〈표 4-15〉 교구계획안 예시 2

생활주제	나와 유치원	교구명	몇 시일까요?
연령	만 5세	영역	수 · 조작
학습 목표	• 일상생활에 사용되는 시계에 관심을 가진다. • 시간 개념을 안다.		
재료	다양한 색의 펠트지, 숫자판, 실, 바늘		
제작 방법	1. 시계의 본을 펠트지에 뜬다. 2. 본을 뜬 펠트지를 바늘을 이용해 꿰맨다. 3. 시계의 전체 판에 숫자와 시침, 분침을 연결한다. 4. 펠트지로 숫자를 본떠 자른다. 5. 문제를 내고 맞힐 수 있도록 시간 사진을 찍어 프린트한 다음 코팅한다. 6. 문제판을 고리로 연결해 넘길 수 있도록 삼각대로 만든다. 7. 프린트한 숫자를 코팅해 점수판을 만든다.	 		

활동 방법	1. 시계의 숫자를 탐색한다. 2. 시간 사진을 보며 시계를 맞춰 본다. 3. 시간 숫자 카드를 보며 시계를 맞춘다. 4. 카드 뒷장의 시간 사진을 보며 맞혔는지 확인한다. 5. 교사와 유아가 서로 문제를 내어 시간을 맞춰 본다. 6. 친구들이 맞춘 시간을 읽는다.

보완점	1. 시침과 분침을 Y핀으로 고정하였으나 유아들이 잡아당길 경우 펠트지가 뜯어질 우려가 있으므로 단추를 이용하여 꿰맸다면 좀 더 튼튼했을 것이다. 2. 유아들에게 시간 개념을 명확히 할 수 있는 도움카드를 만들었다면 좋았을 것이다. (예: 긴 바늘 − 6 = 30분, 3 = 15분) 3. 숫자 카드를 보며 시간을 맞춰 볼 때 뒷면에는 사진을 제공하여 유아들이 시간을 정확하게 조절했는지 볼 수 있도록 하면 좋을 듯하다.
유의점	활동 전개 시 정각의 개념을 익힌 후 5의 배수로 분의 개념을 익힌다.

3. 보육실습일지

보육실습일지는 실습생의 보육실습 내용을 파악할 수 있고 보육실습 기관의 보육실습 지도가 충분히 이루어졌는지 알 수 있는 공식적인 문서다. 일반적으로 실습일지는 보육실습생 출근부, 보육실습 기관 현황, 보육실습 일정, 일일 보육실습 일지의 기록, 영유아 관찰 및 행동 연구, 보육실습 평가 등으로 구성된다(한국보육진홍원, 2010).

보육실습생이 보육활동을 관찰하고 실제 보육활동에 참여하거나 지도한 내용과 이에 대하여 평가받은 내용을 보육실습일지에 기록하는 것은 보육활동에 대한 전반적인 이해를 돕고 자기반성의 중요한 자료가 되므로 사실적이고 구체적으로 기록해야 한다. 보육실습 지도교사는 보육실습생이 작성한 실습일지를 점검하고 지도한다. 일일 보육실습일지는 날짜, 날씨, 결재, 주제, 소주제, 일일목표, 일과운영에 따른 보육 내용, 보육실습생 소감, 조언 등으로 구성되어 있다. 다음에서 각각을 살펴보기로 한다.

1) 날짜, 날씨, 결재

날짜와 날씨는 보육 내용에 영향을 미치는 중요한 요인이다. 날씨 및 월초 · 월말, 주초 · 주말 등의 일정에 따라 보육 내용이 달라질 수 있다. 아울러 결재는 사실과 다름없이 기록되었음을 증명하므로 보육실습생, 보육실습 지도교사 및 원장이 날인하도록 한다.

날짜, 날씨 기록과 결재 시 유의사항

- 보육실습이 이루어진 날짜와 요일을 기록한다.
- 그날 날씨의 주된 특성과 일과운영과의 관련성을 파악한다.
- 보육실습 기관의 원장은 실습생의 보육실습일지 기록과 보육실습 지도교사의 지도사항을 확인하고 점검한 후 결재한다.

2) 주제, 소주제, 일일목표

주제, 소주제, 일일목표 기록 시 유의사항

- 보육 내용의 기초라 할 수 있는 생활주제, 소주제 및 일일목표 등을 명시한다.
- 생활주제, 소주제는 월간, 주간 보육활동계획안을 참고한다.
- 일일목표는 그날의 학급운영 목표에 해당하는 내용으로 보육실습 지도교사는 보육실습생에게 당일 일과를 시작하기 전에 이에 대한 내용을 기록하여 전달한다.

3) 일과운영에 따른 보육 내용

보육실습일지는 실습생이 보육실습기간 동안 자신의 보육실습 내용을 정리, 분석하여 반성하는 기록 공간으로서 보육실습생과 지도교사와의 의사소통의 장이라 할 수 있다. 보육실습 지도교사는 보육실습생이 학급에서 이루어지는 일과운영을 구체적으로 기록하되 반복적으로 기록하지 않도록 지도한다.

보육실습 지도교사는 보육실습일지 작성방법에 대해 보육실습생과 충분히 협의하고 안내한다. 지나치게 상세한 기록 또는 과도한 생략 및 구체성이 부족한 기록 등은 보육실습생의 반성적 사고과정과 실천적 지식의 형성을 어렵게 할 수 있다.

보육실습일지 작성 시 유의사항

- 일과운영의 시간 흐름에 따른 보육 내용을 기록한다.
- 활동명, 자료, 활동 방법을 기록하되 보육실습생은 의미 있었던 바를 구체적으로 기록한다.
- 흥미 영역별로 영유아의 놀이 양상과 보육실습 지도교사 또는 보육실습생의 영유아 지도 내용을 기록한다.

- 보육실습 지도교사 또는 보육실습생과 영유아의 상호작용과 갈등해결 등의 행동지도 내용을 기록한다.
- 급식, 간식, 낮잠, 배변 등의 일상생활 지도와 영유아와 보육실습 지도교사 또는 영유아와 보육실습생의 상호작용 내용을 기록한다.

4) 보육실습생 소감

하루 동안 학급에서 보육실습생으로서 관찰, 참여, 영유아 지도를 경험하면서 느낀 소감이나 의무사항을 기록하되 반성적으로 사고할 수 있도록 다음과 같은 내용 중심으로 작성한다.

보육실습 소감 기록 시 중점을 두어야 하는 내용

- 일과 중에 인상 깊었던 교사와 영유아 상호작용에 대한 내용
- 하루일과 중 새롭게 발견한 영유아의 발달적 특성에 대한 내용
- 학급에서 보육실습생으로서의 역할과 자세에 대한 자기 평가
- 보육활동실습 시 예상했던 대로 되지 않았던 원인 분석 내용
- 보육실습 지도교사가 지시한 업무 수행 시 배운 점
- 기타 일과운영 및 상호작용에 대해 궁금한 사항

5) 보육실습 지도교사의 조언

보육실습 지도교사는 당일 보육실습생을 관찰하고 지도한 내용이나 보육실습생의 소감을 바탕으로 조언을 적는다. 지도교사는 보육실습생이 소감을 솔직하게 쓸 수 있도록 수용적이고 신뢰할 수 있는 분위기로 대하며 보육실습생의 강점과 잠재력을 언급한다. 보육실습 지도교사는 다음과 같은 내용으로 조언하며 멘토로

서의 역할을 수행하도록 한다.

지도교사의 조언 기록 시 유의사항

- 당일 보육실습생의 역할 수행, 태도 등에 대해 평가하기
- 보육실습생에게 더욱 명확하고 깊이 사고하도록 되물어 보기
- 소감란에 기록한 보육실습생의 질문에 답변해 주기
- 보육실습생의 어려움에 대해 공감하고, 용기 북돋워 주기
- 영유아의 행동지도 및 놀이지도에 대해 보육실습생의 협력 요구하기

〈표 4-16〉 일일 보육실습일지 작성 예시(만 1세반)

날짜	2009년 5월 7일 목요일	결재	보육실습생	지도교사	원장
날씨	맑음				
주제	나				
소주제	내 얼굴은 예뻐요				
목표	자기 얼굴과 얼굴 부위 명칭에 대해 긍정적 관심을 가진다.				

시간	활동명 및 내용	비고
8:30~9:40 등원 지도 및 자유선택활동	• 등원 시 영아의 기분에 공감하면서 맞이한다. • 영아가 친숙한 놀이를 시작하면서 함께 마주 앉아 자연스럽게 참여한다. • 미술: 밀가루반죽 얼굴 꾸미기(밀가루 반죽, 접시) -밀가루 반죽을 다양한 방법으로 탐색한다. "꾹꾹 누르니까 모양이 나왔네." • 쌓기: 내 얼굴 탑 쌓기(얼굴 사진 부착된 블록) -블록에 붙은 사진을 보면서 누구인지 가리키며 이름을 부른다.	• 영아들이 밀가루 반죽을 먹지 않도록 주의를 기울임 • 영아들이 연지곤지를 하며 자기 얼굴보다 교사의 얼굴에 더 관심을 많이 보임

등원 지도 및 자유선택활동	"이 얼굴은 누구이지? 친구 ○○이구나." • 감각: 거울 보고 연지곤지(스티커, 안전거울) –얼굴에 붙은 스티커에 주의를 기울이며 탐색한다. "얼굴에 예쁜 그림을 붙여 볼까? 거울에도?"	
9:40~10:15 정리정돈 및 용변, 손 씻기	• 노래를 부르며 놀잇감을 정리한다(모두 제자리) "공은 어디에 둘까?" "바구니에 무얼 담을까?"	• 영아에게 놀잇감의 제자리를 물어보며 정리를 도움
10:15~10:30 오전 간식 및 손 씻기	"선생님과 손 씻고 간식 먹으러 가자." • 간식 메뉴: 달걀 스크램블, 두유 • 음식을 손으로 먹기보다 숟가락으로 먹도록 지도한다.	• 영아들의 식사 기술, 식습관 차이가 현저함
10:30~11:30 실외 자유선택 활동과 산책	• 자동차 타기(승용 완구) –완구 탑승, 하차 시 자동차가 움직이지 않도록 주의하며 영아가 타고 내리는 것을 지도한다. • 머리에 꽃핀 꽂기(돗자리와 마실 물, 사진기) –산책 시 들꽃을 머리에 꽂고 마주보며 서로 바라봐 주고 예뻐해 준다.	• 마실 물을 준비해 나가 돗자리에 앉아 마시니 영아들이 좋아함
보육실습생 소감	• 지난주와 달리 영아들이 등원하면서 낯설어하지 않고 알아보며 다가와서 오전 놀이 시 상호작용이 훨씬 용이해졌다. • 실내로 들어가자고 하며 유모차 방향을 돌리니 몇몇 영아가 싫다며 울어 난감했다. 선생님께서 영아에게 각자 좋아하는 놀이를 말하시며 그것을 하자고 달래자, 금방 웃으며 들어가는 영아들을 보고 놀랐다. • 손을 씻겨 줄 때 영아들이 수도꼭지를 만지고 물을 튀기며 좋아하는데 옷이 젖어 "그럼 안 돼."라는 말이 계속 나온다. 그냥 놔두어야 할지 못하게 해야 할지 난감했다.	

보육실습 지도교사 조언	• 영아들이 선생님을 이제 낯설어하지 않아 등원 지도가 잘 이루어지고 있습니다. 그동안 노력하신 덕분입니다. • 걷고 뛰기 시작한 영아들이 실외 자유선택활동을 너무 좋아해요. 특히 요 며칠 날씨가 좋지 않아 산책을 못 갔는데 오늘은 날씨가 좋아서 우리 모두 더 신이 났습니다. 마실 물을 가지고 나가 중간에 쉬는 시간을 가지며 마시면 소풍 나온 기분이 듭니다. • 손을 씻는 단계를 계속 말로 이야기해 주면서 씻기면 영아들의 물놀이 욕구를 통제하는 효과가 있습니다. 긍정적인 방향으로 지도하는 것이 바람직하지요. • 정리정돈 시 선생님이 사용한 상호작용 전략이 매우 좋았습니다.

출처: 한국보육진흥원(2010).

부록

부록 1. 보육실습 신청서 예시

부록 2. 보육실습 협조공문 예시

부록 3. 보육실습 동의서 예시

부록 4. 보육실습 신상카드 예시

부록 5. 보육실습 서약서 예시

부록 1 보육실습 신청서 예시

보육실습 신청서

학생 정보			
성명		학과/학번	/
보육실습기간	년 월 일 ~ 년 월 일(6주 240시간 이상)		
집주소	우편번호)		
핸드폰		집/직장	집: 직장:
e-mail 주소			

희망 보육실습기관 정보	
보육 관련 이수교과목 (이수교과목을 모두 적으세요)	:총 ( )개 과목 이수
실습 희망 지역	
보육실습 희망 기관유형	① 국공립어린이집 ( ) ② 법인어린이집 ( ) ③ 직장어린이집 ( ) ④ 가정어린이집 ( ) ⑤ 부모협동어린이집 ( ) ⑥ 민간어린이집 ( ) ⑦ 종일제 유치원 ( )
기타 희망사항	

부록 2 보육실습 협조공문 예시

○○○ 대학교 ○○학과(○○보육교사교육원)

수신자 ○○○ 어린이집 원장(보육실습 지도 담당자)
(경유)
제 목 보육실습생 의뢰의 건

1. 귀 기관의 무궁한 발전을 기원합니다.

2. ○○ 대학 ○○○학과 학생들이 귀 기관에서 보육실습을 희망하고 있습니다. 이에 보육실습생을 의뢰하오니 보육실습에 대한 협조를 부탁드립니다.
   가. 보육실습기간: 20○○ 년 ○○월 ○○일 ~ 20○○ 년 ○○월 ○○일까지(240시간 이상)
   나. 보육실습생: 보육실습생 명단 참조
3. 보육실습생 명단

연번	성명	학번	주소	연락처	비고
1					

4. 보육실습 의뢰확인서 등 회신 협조
   가. 보육실습 동의서(직인 또는 서명 요망), 시설인가증 사본, 보육실습 지도를 담당할 교사의 보육교사 1급자격증 사본을 20○○. ○. ○. (요일)까지 회신 부탁드립니다.

별첨: 보육실습 동의서 1부. 끝.

○○○대학교
학과장 ○○○(보육교사교육원장 ○○○)

직인 생략

기안자 ○○○
협조자
시행 보육 - (20○○ . ○○. ○○) 접수 - (20○○ . ○○. ○○)
우 ○○○-○○○ ○○시 ○○구 ○○동 ○○번지 ○○○○대학교 / www.○○○.ac.kr
전화 (○○)○○○-○○○○ 전송 (○○)○○○-○○○○ / ○○○○○@.○○.○○/ 공개

부록 3 보육실습 동의서 예시

보육실습 동의서

학생 정보			
성명		학과/학번	/
보육실습기간	년 월 일 ~ 년 월 일(6주 240시간 이상)		
집주소	우편번호)		
핸드폰		e-mail 주소	

보육실습 기관 정보			
보육실습 기관명	(정원: 명)	어린이집 원장명	
기관주소	우편번호)		
전화번호		Fax	
보육실습 지도교사	이름:	보육교사 1급( ) 유치원정교사 1급( ) ※해당 자격에 '○'표 하세요.	

위 학생이 본 기관에서 보육실습을 수행함에 동의합니다.

20 년 월 일

보육실습기관 원장 : (서명 또는 인)

부록 4 보육실습생 신상카드 예시

보육실습생 신상카드

성명	한글	(여, 남)	사진
	한자		
주민등록번호			
소속			
집주소			
학력	. . ~ . .	고등학교 입학 및 졸업	
	. . ~ . .		
	. . ~ . .		
보육 관련 이수 교과목(이수 교과목을 모두 적으세요)	: 총 ( )개 교과목		
비상연락처	집전화:		
	본인휴대폰:		
	비상시 연락휴대폰: (관계:)		
e-mail 주소			

위의 사항이 틀림없음을 확인합니다.

년 월 일

본인 서명 (인)

원장 귀하

개인정보 수집 · 이용 동의

보육실습생 관리를 위하여 '개인정보보호법'에 따라 개인정보 수집 · 이용에 대한 내용을 알려드리오니 동의하여 주시기 바랍니다.

[법률근거] 개인정보보호법 제15조 '개인정보의 수집 · 이용'에 관한 법률
[수집 · 이용 항목] 이름, 주민등록번호, 연락처(전화번호, 휴대폰번호), 이메일, 주소
[수집 · 이용 목적] 보육실습생 관리를 위한 목적으로 이용되며, 수집한 개인정보는 다른 목적으로 사용되지 않습니다.
[이용 및 보유기간] 보육실습이 종료되는 시점에 수집한 개인정보는 폐기됩니다.
[동의거부 및 불이익] 위의 개인정보 수집 · 이용에 관한 내용에 동의하지 않는 경우에는 보육실습이 불가합니다.

☐ 동의함 ☐ 동의하지 않음 실습생: (인)

부록 5 보육실습생 서약서 예시

보육실습생 서약서

성명:

소속:

상기 본인은 귀 어린이집의 보육실습생으로서 보육실습의 목적과 중요성을 충분히 이해하고 어린이집의 제반 규정을 성실히 준수하여 보육능력 향상에 최선을 다할 것을 서약합니다.

년 월 일

보육실습생: (인)

○○○ 어린이집 원장 귀하

참고문헌

김광웅, 박인적, 방은령(1996). 영유아보육론. 서울: 중앙적성출판사.

김남식(2009). 우리나라 보육정책 변천과정에 관한 연구. 21세기 사회복지연구, 6(1), 1-18.

김두범, 김미경, 김현희, 최광희(2004). 영유아 보육 프로그램. 서울: 창지사.

김희진, 김언아, 홍희란(2004). 영아를 위한 프로그램의 이론과 실제. 서울: 창지사.

대구대학교 사회복지연구소 편(1991). 사회복지사전. 서울: 경진사.

류진희(2000). 유아교사를 위한 교육실습과 교육활동. 서울: 양서원.

박희숙, 유지선(2010). 놀이를 위한 교육환경. 2010한국육아지원학회 추계학술대회: 놀이와 학습: 미래를 위한 반성과 도전, 101-120.

보건복지가족부(2009). 영유아보육법.

보건복지부(1991). 영유아보육법.

보건복지부(2007). 영유아보육법.

보건복지부(2011). 영유아보육법시행규칙.

보건복지부(2014). 어린이집 표준보육과정에 기초한 영아보육프로그램.

서영숙, 천혜경, 윤매자(2006). 보육실습. 서울: 학지사.

양옥승, 김영옥, 김현희, 신화식, 위영희, 이옥, 이정란, 이차숙, 정미라, 지성애, 홍혜경(1999). 영유아보육개론. 서울: 학지사.

유가효, 이소희, 한성심, 장명림, 장미경, 조은영(1997). 보육학개론. 서울: 동문사.

윤애희, 이경희, 임은숙, 임채식, 정정옥, 주영은(2004). **보육에 대한 이해와 실습**. 서울: 교육아카데미.

이소희(2005). **보육실습**. 서울: 대왕사.

이정환, 김희진(2010). **영유아교육의 교수학습방법**. 서울: 파란마음.

이정환, 박은혜(2010). **교사들을 위한 유아관찰워크북**. 서울: 아이코리아.

이집로, 강숙현, 이민경, 손경화, 김진화(2005). **영유아보육실습**. 서울: 교육과학사.

임승렬, 김선희(2006). **보육실습**. 서울: 형설출판사.

임채식, 채종옥, 이경희, 이시자, 임은숙(2003). **유아 교육 실습**. 서울: 창지사.

최미현(1996). **영유아보육론**. 서울: 창지사.

한국보육진흥원(2010). **표준보육실습지침: 양성교육기관용**. 서울: 대한인쇄사.

한국유아교육학회 편(1996). **유아교육사전**. 서울: 한국사전연구사.

Bae, S. T. (1990). *Student teacher's thought process: The evaluation of two student teacher's professional beliefs during their student teaching period*. Unpublished Doctoral Dissertation, University of Illinois.

Decker, C. A., & Decker, J. R. (1984). *Planning and administering early childhood programs* (3rd ed.). Columbus, OH: Merrill Publishing Company.

Guyton, E. (1987). Working with student teacher: Incentives, problems and advantage. *The Professional Educator, 10*(1), 21-28.

Henry, M. A., & Beasley, W. W. (1982). *Supervising student teacher the professional way* (3rd ed.). Terre Haute, Ind.: Sycamore Press.

U. N. (1989). 유엔아동권리협약.

저자 소개

나귀옥(Nah Kwi-ok)
미국 Oklahoma State University 교육심리/유아교육 전공(Ph. D.)
현) 순천향대학교 유아교육과 교수

김경희(Kim Kyoung-hee)
순천향대학교 대학원 유아교육 전공(교육학박사)
전) 공립병설유치원 교사, 순천향대학교 교육대학원 겸임교수
현) 순천향대학교 강사, 소소직장어린이집 원장

곽정인(Kwak Jung-in)
이화여자대학교 대학원 유아교육 전공(문학박사)
전) 이화여자대학교 교육대학원 특임교수, 우송유치원 교사
현) 순천향대학교 교육대학원 유아교육전공 교수

보육실습 2판
Practicum in Childcare & Education (2nd ed.)

2006년 8월 10일 1판 1쇄 발행
2014년 9월 25일 1판 3쇄 발행
2016년 8월 20일 2판 1쇄 발행

지은이 • 나귀옥 · 김경희 · 곽정인
펴낸이 • 김진환
펴낸곳 • (주) 학지사
04031 서울특별시 마포구 양화로 15길 20 마인드월드빌딩
대표전화 • 02-330-5114 팩스 • 02-324-2345
등록번호 • 제313-2006-000265호

홈페이지 • http://www.hakjisa.co.kr
페이스북 • https://www.facebook.com/hakjisabook

ISBN 978-89-997-1046-9 93370

정가 13,000원

저자와의 협약으로 인지는 생략합니다.
파본은 구입처에서 교환해 드립니다.

이 도서의 국립중앙도서관 출판시도서목록(CIP)은 서지정보유통지원시스템 홈페이지(http://seoji.nl.go.kr)와 국가자료공동목록시스템(http://www.nl.go.kr/kolisnet)에서 이용하실 수 있습니다.
(CIP 제어번호: CIP2016018229)